水秀南方

◎罗黎明 主编
◎包晓泉 著

广西世居民族文化丛书

GUANGXI SHIJU MINZU WENHUA CONGSHU

SHUI XIU NANFANG

水族卷

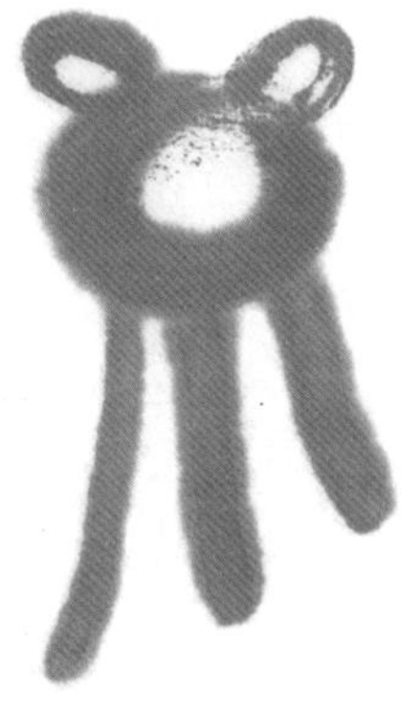

广西民族出版社

《广西世居民族文化丛书》编辑委员会名单

步入五彩斑斓的民族画廊

——《广西世居民族文化丛书》总序

罗黎明

广西壮族自治区位于北部湾沿海，是我国唯一与东盟国家海陆相接的省区，是中国少数民族人口最多的自治区，是民族成分较多的自治区之一。

在广西这片奇山秀水间，世居有壮、汉、瑶、苗、侗、仫佬、毛南、回、京、彝、水、仡佬等12个主要民族，另外有25个其他少数民族成分。这里山环水绕、四季花开、稻香蔗甜、鱼肥蟹黄，这里有歌仙刘三姐缭绕不绝的动人歌谣。在年复一年炊烟相望、唇齿相依的共同生活中，广西各族人民既有着相似的生活热情和命运轨迹，也有着基于不同生存环境、不同繁衍过程、不同族群基因而各自形成的独特文化，他们和谐共存却又不丢失自己的斑斓个性，让美丽的民族文化之花绽放在八桂大地上。

民族文化，是指各民族在其历史发展过程中创造和发展起来的、具有本民族特点的包括物质和精神两方面的文化总和。每一个民族总是生活在既成的文化环境中，都会有自己独特的文化密码，并且一代代薪火相传。文化，是一个民族的生命之根。民族文化中蕴涵的优秀精神品质可以在经过动态解读之后，与现代思想相结合，在形成民族精神的过程中起到非常深刻也非常直接的作用。广西是一个以壮族为主体的多民族聚居的民族自治区，各民族的文化既各具个性空间，又在自我发展中不断交流与沟通，这种文化上的多样性，使人们对广西这片神奇的土地有了更多样的文化感知和体验。人类文明走到今天，我们对一个民族的解读显然已经不能只停留在简单的风情体验上，文化作为民族之魂，作为一个民族继承与发展的内质，应该成为现代文明视野里不可缺失的重要研究课题。

同时，在中国不断向现代化突进的今天，传统民族文化既强烈感受到时代脉搏的跳动，也不可避免地面临经济、社会快速发展和外来文化剧烈冲击所带来的巨大挑战，其中的非物质文化遗产尤其处于相对弱势。广西的民族文化生态同样如此。民族文化的整理、记录和保护，已经受到国人越来越多的关注。保护文化遗产，就是保护一个民族精神上的DNA。DNA是生命个体在生理上区别于其他个体的标志，对于一个民族来说，以物质或非物质形态存在的传统文化元素，犹如人类进化发展的基因，历经周折而脉络不断，成为民族生生不息的文化底蕴，彰显着民族的文化身份和独特个性。

随着中国西部大开发战略和北部湾经济区发展规划的深入实施，中国与东盟之间的经济交流与合作日趋活跃，而广西作为重要的国际贸易桥头堡和海陆通道，开始站上时代的潮头。本丛书之既成，有助于广西在文化和经贸上实现更多的对外交流，有助于广西更大程度地扩大对外开放，有助于让世界更深入地了解和认识一个清晰可感的真实广西。

《广西世居民族文化丛书》出版的意义即在于此。

这套以图文并茂为特点、以作家视角切入和文学化语言为阅读诱惑的大型文化丛书，将生活在广西境内的12个世居民族各自单列成册，在全面、系统、深入、鲜活的叙述中向读者展示了广西各民族文化的鲜明特色和品格魅力，让人们在惬意的阅读中步入五彩斑斓的广西民族文化长廊。这种以生动文学语境和大量精致图片来全面展示广西民族文化的大型分册图书，在广西亦属首次出版。

我们有理由相信，这套丛书的面世，对整理和保护广西民族文化、张扬广西的民族文化个性、进一步扩大广西对外开放、推进广西各民族在平等互助的基础上走可持续发展之路将有着不可忽略的特殊意义。

2009年10月

Contents

目录

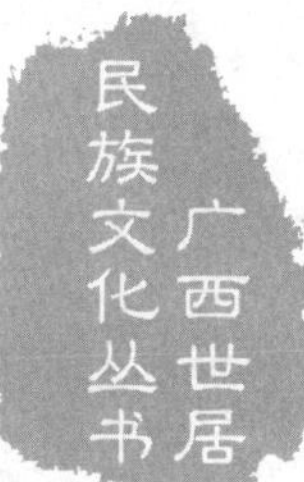
广西世居
民族文化丛书

广西世居
民族文化丛书

引言

从容如水如鱼

从容如水如鱼

● 广西融水水族生活环境

有一个民族名字里有水，却大多住在山峰的轮廓里。

有一个民族很多人一生都没见过海，却从未忘记先祖来自水之滨。

在广西中北部一片又一片布满森林和花味道的风景深处，在龙江、融江、都柳江从未停歇过的潮湿低语中，他们大分散、小聚居，世代生息于各民族村庄和无尽绿意之间，日出

水族妇女享受丰收的喜悦

而作，日落而息，纯净如水，朴素如山。

遥看云山千万重，漫漫迁徙路，细数千年，欲说还休，欲说还休。

他们，是广西 12 个世居民族之一。

他们是水族。

水族一代代，曾经难为外人识。云遮远路，雾锁山梁，自秦至清只是自己画自己的农耕图画，干栏相伴，和风而歌，承露而食，不知有汉，无论魏晋，悄悄释放着自己独特的文化密码和民族声音。他们用自己的历法编排自己的日子，他们用少量的水书诠释想象的吉祥，他们在自己盛大的端节和卯节里尽情享受一年中最快乐也最浪漫的幸福时光。山风，年复一年拂过水家人满是木头或竹子清香的屋顶，山雨，总在点点滴滴敲打水家寨子里柔软而沧桑的传说，

人们一直在用心倾听祖先的絮叨，倾听岁月的轻啸，以及山水间树叶飘落的动静和稻田里植株拔节的声声脆响。

日出日落中，水族随时光走进21世纪。

他们眼睛里有了更多的光亮，他们脸颊上有了更多的红晕，他们在感受着现代世界所带来的更多温暖的同时，也让世界看清了林木之后自己那更接近于自然本真的朴素影像。融入时代似乎无可避免，一些族人走出大山也显得极其自然，但，天地之间，水家人真的难以完全舍弃自己的精神传统和文化个性，那些融化在血液和骨髓里的东西，是他们的生命之根。

在水家人几乎所有的生命环节中，鱼，总是闪烁出不可替代的吉祥光泽，鱼身上，既浓缩着先祖存之久远的族群嘱咐，也隐约打上了水族曾经从江和海旁边北上迁徙游走的意象符号。在远客面前的餐桌上不能没有鱼，在端节和卯节的斑斓场景中不能没有鱼，向

● 节庆活动

水族先祖来自水之滨

遥远的先祖致敬时更不能没有鱼。鱼是启示，鱼是传说，鱼是审美，鱼是歌谣，鱼是吉祥，鱼，有着水家人世代生存繁衍不可缺少的物质和精神能量。

水里，鱼游过来又游过去，摆尾、转身、上浮、下潜，展现一种朴素的优美，一种移动的从容。

鱼从容，水从容，水族亦从容。

广西世居
民族文化丛书

第一章 抹不去的百越印痕

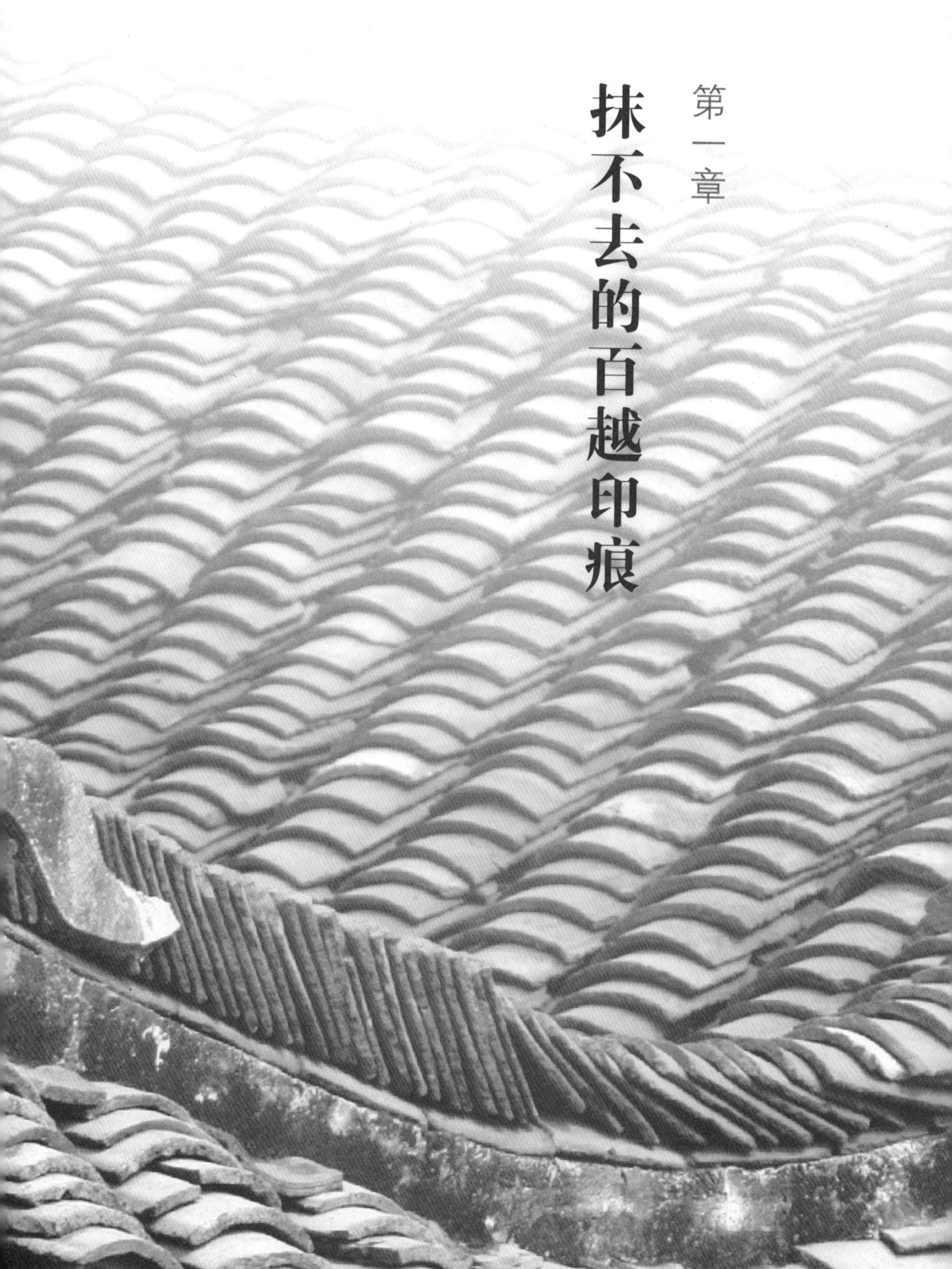

先祖濯足在邕江

水族和水有关吗？
水族和水无关吗？

● 广西宜州市龙头乡风光

仅仅只有不到1.5万人的广西水族，又会在他们世代相袭的屋檐下怎样勾画自己朴素而神秘的生活画卷呢？

事实上，水族之所以叫做水族，原因并不在于水。或者可以这样说，这一得名不是直接因为他们曾经依水而居，尽管他们的生存和繁衍与水有着千丝万缕的内在牵扯。

水族依山而居

说起来，水族是从1956年12月才开始拥有规范的正式定名，其主要依据，在于水族一直自称为“虽”，且有“水家”的别称，汉语音译，“水族”由此而来。现代水族的居住，不但不以“依水而居”为主要特征，而且正好相反，他们的家园，更多的是依山倚坡，体现出明显的农耕生活和干栏民居风格。

水族的定名与水无关，但是，越来越多的人感觉到，中国水族的生活态度与生活状态，和水的自然特性有着太多的相似之处，比如纯净朴素，比如坦然从容，比如与世无争，比如依势而行，他们

像自然流动的山溪一样，淌过沟沟坎坎，绕过峭壁高崖，在群山间无所牵挂地随山形起伏游走，直到溢满一个又一个适合自己的大小清潭。

中国水族大约有 35 万人，绝大多数集中居住在贵州境内，其中，贵州三都水族自治县有近 18 万人，超过中国水族总人口的一半。而广西水族的一万余人，则默默生活在毗邻贵州的广西中北部大片云影之下，大分散、小集中地杂处于融水、南丹、宜州和环江等县（自治县、市），一住不走。

这样的水族人口分布，是否意味着中国水族源于贵州，而广西水族只不过是从贵州分流出来的枝枝蔓蔓呢？

南丹县六寨镇水族民居饰图

历史学家们比较一致的看法是，水族先民是古百越族群骆越的一支，原居地在邕江流域一个名叫“邑虽山”的地方。

而邕江流域，毫无疑问位于现在的广西境内。

也就是说，水族之所以大批聚居于今天的贵州，是这个民族历史上曾发生过的大规模北上迁徙的结果。这条并不算太长的迁徙路线，起始于广西南部而收束于贵州南部。

追根溯源之后可以

南丹县六寨镇水族民居的翘角飞檐造型

得出这样一个结论：留居于广西中北部的广西水族，的的确确是广西的原住民族。

研究表明，水族属于壮侗语族侗水语支，和归于同一个语族的壮族、侗族、毛南族、仫佬族一起，有着共同的历史渊源，这种渊源，甚至可以追溯到七八千年以前的新石器时代。

当然，近万年以前的事情不免显得过于遥远，对于水族而言，两千多年前的痕迹总是显露得更为清晰，因为，在有关记载和许许多多的传说里，他们就是古百越族中生活在岭南的骆越人之一。

那么，百越是什么概念？

骆越又是什么概念？

翻开《辞海》，其中对于“百越”是这样描述的：“古族名。秦汉以前既已广泛分布于长江中下游以南，部落众多，故又有百越、百粤之称。从事渔猎、农耕，以金属冶炼、水上航行著称。”对于“骆越”的释义是：“古族名。古越人的一支。为百越西方部分，秦汉时主要分布在今广东、广西及越南北部，与今壮、黎等族有密切的渊源关系。”

骆越人作为一个特征明显的族群开始活动在中国大地，这个时间，应该是春秋战国时代。在从公元前770年开始的500多年间，

宜州市龙头乡龙盘村向南屯水族“神山”

融水永乐乡蒙村的七将庙

骆越人大多往来行走在岭南的山山水水之间，他们住着干栏式风格的木屋，他们喜欢“鸡卜”和“鸡蛋卜”，他们把铜鼓视为超越生命本身的精神器物，他们的对话中满是特有的短促调和入声字音。那时候，尽管中原烽烟四起，杀声震天，各个诸侯国之间互相打得一塌糊涂，许多乱世英雄或枭雄因此成为一个又一个历史典故的主角，骆越人在岭南一线无边无际的绿意里，依然相当安静地循环着他们似乎非常写意的生活，那里充满水田和稻谷的影像，回响着珠江水系细细的浪声和鱼儿跳网的轻轻响动，以及阵阵特别的金属鼓音与森林内外细细长长的煽情歌谣。

四季依旧。

炊烟依然。

对于水族先民而言，站在山顶上面北而立，大堆的云团渐行渐远而终于不见，身边只有风吹树叶的声音，这样的姿势只代表一种休憩时的自然眺望，而并不意味着他们对那视线不及之处有什么更多的想法。那遥远的地方会是哪里？那里会有什么样的风景和什么样的人？那些地方会有更多的江河跟水田吗？这样的问题，那时也许根本不会出现在他们惯有的思维中，他们有着自己心目中的美好家园，他们找不到什么理由离开这里，而重新去费尽心力开拓一片自己并不了解而且从来没有接触过的陌生土地。

中原的风风雨雨和不尽狼烟与他们无关。

那个时期，伟大的孔子曾经周游列国，不惜一切代价在克己复礼；越王勾践卧薪尝胆，把自己长年扔在柴草堆上而夙愿得偿；战国七雄混战一时，诞生了《三十六计》中的“围魏救赵”；屈原仰天长叹，留下闪光的《天问》和《离骚》之后一头栽进波涛滚滚的汨罗江；强悍的秦始皇伸手画出一道弧线，便把“碎片”似的中国轻轻串起勾勒出一个相对完整的轮廓……

无数的中原历史片段，在中华文明史中不断谱写出浩如烟海的

融水宁静的水族村庄

● 干栏木屋

精彩故事。

让岭南的百越族群包括骆越人真正感受到中原力量的，正是一统天下的秦始皇。公元前 218 年，也就是六国被征服 8 年之后，志向远大并有着长生之梦的始皇帝伸手一指，数十万秦军自长江一线向南挺进，广东和广西首当其冲。尽管部分越人奋力抵抗，仍然无法阻挡源源不断的铁甲秦军，岭南地区终于归置秦朝。这其间，连接长江和珠江两大水系的桂林以北兴安灵渠也由秦将史禄修建完毕，这条 34 公里长的人工水道，使秦朝兵员和物资通过长江、湘江、漓江而大批进入珠江流域，并在此后很长一段时间内成为岭南和中原相互间文化和经济交流的重要渠道。

中原文明对岭南地区的强势进入，在带来了更为先进的生产和生活方式的同时，也给岭南的原住民带来了不可避免的战争伤害，二者的出现常常是混合在一起的，尤其在古代，那样的混合几乎无法剥离。

于是，作为水族先民的骆越人，从此被大规模战争的遗患久久地纠缠住了。在痛苦和困惑中，他们终于萌动了迁徙的念头。

水族先民的北上迁徙，也许并不是在这场征服岭南的战争之后立即发生的，甚至迁徙的过程被拉伸得跨越了很多个朝代，但这样的迁徙绝对和战乱以及外来力量的挤压有关，也许还跟长长年代中

从空中俯瞰壮美的岭南

水族家园

不时出现的重大天灾有关。

总之，他们自秦以后不断向北迁徙，在挥别了亲切而熟悉的邕江流域故土后，经过今天广西河池、南丹一带沿着龙江溯流而上，到达现在的贵州和广西边界一线，在他们认为水草肥沃的地方定居下来。唐宋以后，水族先民逐渐从大骆越族中分化出来，吸收了其他一些民族成分，慢慢繁衍成一个独具特点的单一民族——水族。

广西水族，终于在中国历史大书的不断翻页中留下了自己纯粹而清晰的身影。

听，一个老人坐在21世纪自己家的门槛上张开了嘴，柔和的山风吹动了他银白色的长长胡须，也从胡须边吹出了一首古老的水族“迁徙歌”：“古父老，住在西雅，发洪水，四处散开，哥随红水河上去呀，弟沿清水河下来啰……”

歌声顺着山坡飘进林子，又从林子冒出来，一直升到淡淡的美丽山岚之间。

自己编排的日子

中国人在1949年以后已经习惯于使用国际通用历法，那就是公历。当然，与此同时，中国人的生活中也从来没有缺少过独有的东方历法——中国农历，尤其在一个以农业为主的社会，农历占据着特殊的生存地位。

而今天的水族，不仅使用公历，也讲究农历，另外还保存着凝结了先人智慧的一种别拘一格的历法。这就是水历。

水历

水历当然是古老的。

为什么会出现水历？最早的原因已不可考，总之，水历和创造了这一历法的水族一起，在漫长的时光隧道中一直生存到现在，没有人能够轻易否认这种历法所存在的特殊价值。

至少，在水族赖以生存的农耕和渔猎中，水历曾使他们获益匪浅。他们年复一年的日子，就曾经在这一历法中一天天地翻过去。

水历，实际上是一种阴阳合历，它的编制和农历一模一样，年分四季，季分三月，十二个月为一个完整年。那么，它又特别在什么地方呢？最大的区别在于，水历每一年的起始并不是农历的正月，而在农历九月，水族称之为“端月”。

水族人认为，在这个季节里，收获已经基本完成，最忙最累的时候已经过去，人也应该好好地歇一歇，认真地享受享受，以使自己在全面的放松之后更好地进入新的生产周期。是的，万物消停，连土地也累了，人又岂能例外？

于是，这个季节便顺理成章地成为水族人心目中除旧迎新的开始。

既然农历九月是一年的开端，那么，一年中的十二个月就按照这个顺序依次排列下去，水历正月对应农历九月，水历二月对应农历十月，水历三月对应农历的冬月即十一月……回过头看，虽然水历有所变化，但它的基本结构显然是从农历移植过来的，它仍然有四季有节气，仍然强调农历二十四节气的春种秋收规律，在水历中，汉文化强大的影响力还是清晰可见。

在水语中，春天被叫做“胜”，在水历中是五月到七月一段；夏季被叫做“权”，在水历是八月至十月间；秋季被叫做“旭”，在水历十一月到端月间；冬季被叫做“冻”，在水历的二月至四月。春夏秋冬在农历中是什么样，在水历中也还是什么样。水族人的农事活动，仍然带有深深的农历印痕。

一个疑问就此产生了，那就是，既然如此，水历的作用又体现在哪里呢？

水历之所以会流传到今天，自然有它不可替代的理由。

首先，水历是一种古历，在它身上，依稀透溢出2000多年前秦历的影子，这为中国古历研究者提供了某一个参照点。研究证实，水历以九月作为一年之首，这和古秦历很相似，但又不尽相同，它仿佛是一份依旧活着的文物，以自己的唯一性接受着现代人类探究的目光。其次，虽然水族人依农历节气而忙农事，但是他们记月和记日仍遵循水历编排，什么时候过年，什么时候过节，什么时候祭拜先人，水族人大多依水历而定，形成了自己别具一格的年节体系和文化氛围。水历的存在，彰显着水族人独特的文化个性。

水族拥有自己独立的语言和文字，这就是水语和水书。

在语言学分类上，水语属于汉藏语系壮侗语族侗水语支。因为水族与同一个大语族中的壮语、毛南语、侗语、布依语和仫佬语具有事实上的亲缘关系，所以，它们间的许多词汇相对接近，其中，水语有 40% 的词汇发音及含义跟毛南语和侗语相同。正如我们前面所说，水语中充满了具有古典韵味的短促调和入声字音，这样的古特征能相对完整地保留到现在殊为不易。在今天，由于广西水族大多和壮、汉、毛南等民族杂处而居，他们在日常生活中，常常能够熟练运用包括汉语、壮语、毛南语在内的多种语言，而不再只拘泥于单纯的水语交流了。

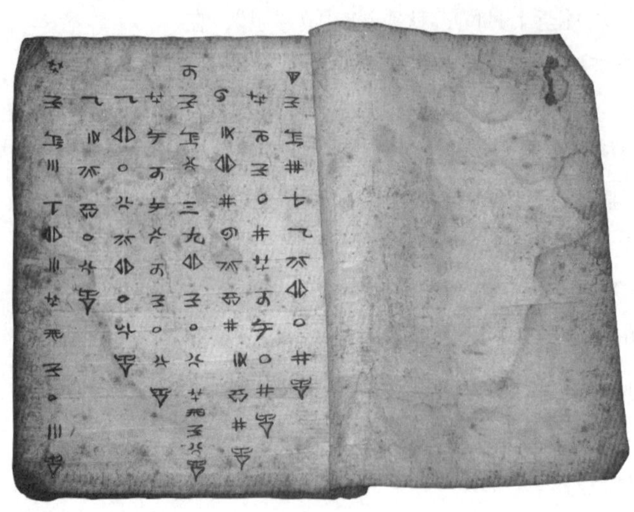

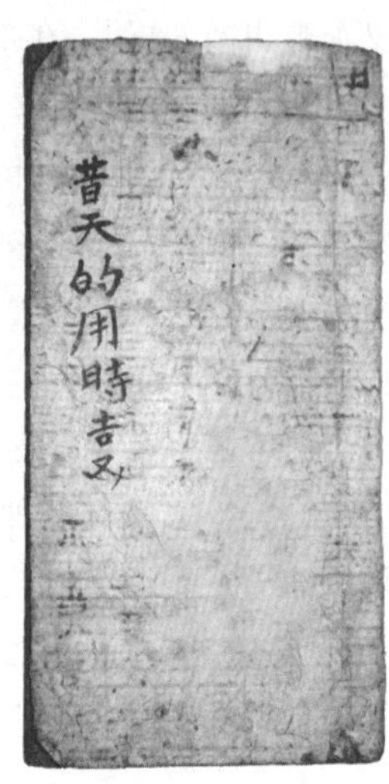

水书之一

水书也是一种古老的文字，在水语中，它被称为“泐虽”。

这是中国为数不多的几种民族古象形文字之一。

严格地说，现在只存留下500多个单字的水书并不算是一个很成熟的文字体系，它显然还不足以承载水族人在生活中对各个细节的书面交流，但，作为一个总人口相对较少的民族所独创的文字，它至少可以说明，水族是一个具有悠久历史和强烈文化意识的民族。

一般情况下，外人进入水族居住区时，并不是随时随处都能够接触到具有图形特征的水族文字，因为，它所留给后人看到的字形实在不算太多，而且多数和天干地支、五行生克、八卦六爻及二十八宿等内容有关，由此更多地出现在民间巫师们的祝文记录与占卜谶语中。

水书的特点，一是象形，二是会意，三是指事，四为假借，给人的总体感觉是奇特古拙，散射出一种神秘的韵味。

水书之二

其中，象形字体现的是原始图画线条，比如“鱼”字，基本上就是一条鱼的形状；“虫”字，是一条蚯蚓的形状；“螺”字，是螺旋形状；“花”字，由三片花瓣组成；“耳”字，类似英文字母中的大写B；等等。指事字则多用于表述方位和现象，比如“上”、“下”、“左”、“右”等；会意字一般由两个以上的独体字组成一个合体字，比如水书中的“井”字，左半边为两道竖着的水纹，右半边为一个口；假借字，就是依照这个词的发音借一个同音字来表示这个词义，比如“男”和“南”、“地”和“第”等。

由于水书的笔画不时呈现出与汉字相较而言的反写，故而，水书也被称为“反书”或“反手书”。

水书虽然只是一种土俗字，而且因不规范而不甚普及，但是它对研究水族的社会历史和文化有着不可替代的价值。

水书最早出现在哪一年，这已经是一个湮没于历史大潮中的不解谜底。明代已有木刻本水书与水文墓碑，由此看来，其文字的产生应更早，然后慢慢固定并在特定活动中成为更多水族人广泛认可的一种书写符号。

应该说，普通水族人并不会去细致推敲水书的来龙去脉，他们更为熟悉的，是那些充满想象力和美好释义的传说故事。

只有故事，才会从老一辈乃至更老一辈人嘴里生动地传递到儿辈和孙辈的耳朵中，成为某种鲜活的怀念与向往。

一个相对完整的传说是这样的：

水书是怎么来的呢？这跟水族先人中一个名叫“六铎公”的老者密切相关。所有人都知道六铎公脑子里装满智慧和奇想，但没有一个人可以清楚说出六铎公到底是怎么一副模样。反正，六铎公就是跟常人不太一样，而且在他身边，还有另外五位同样有异于人间凡相的鹤发老人。

六位老者一直觉得，水族人在日复一日的生活中，除了口语表达，总是缺少点什么，那是一种只属于水族自己的东西，但，他们又始终没法肯定那东西是什么。

这一天，六位老者结伴云游山中，但觉满眼青绿，水声泠泠中鸟声脆脆，小风去了又来，逗引林涛哗哗阵阵。老人们行

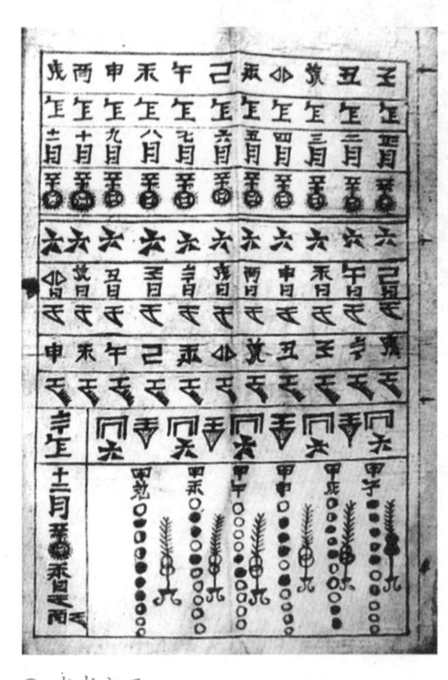

水书之三

过一程，便在一眼清潭前停了下来，一面调理气息，一面又议起心中那个一时无法拆解的情结。就在这时，祥云过处，一位仙人的身影悄然出现在他们面前。仙人慈眉善目，遥视老人们说："你们所想的，可是一种文字符号吗？" 老人们听闻此言，一时顿悟，便拜求仙人指点。仙人微笑颔首，再徐徐问道："那么你们说说，你们那里都有些什么呢，大致是什么样子？" 六铎公向其他老人招招手，他们商量了一下，然后一起蹲下来，用树枝在路旁沙地里画出了水族村寨里的猪马牛羊狗鸡兔等，也画出了村寨周围的花鸟虫鱼虎豹蛇，还把日常生活里的房屋用具及活动内容都一一标示出来。仙人一边看一边想，然后依照不同图样的特点，将它们变成一个一个符号固定下来，这就是最早的"泐虽"了。

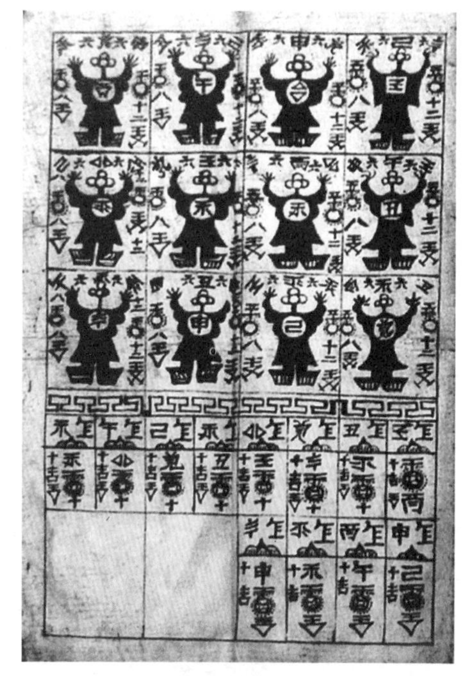

水书之四

仙人所造的文字符号虽然不算多，但怎么也有几百上千个，六铎公他们花了整整六天，才把所有的字符完整地记到竹片或者布片上。

山中一日，等于凡间一年。

六铎公及其他五位老人告别仙人往回走时，时间已经过去了六个年头。就在这段并不很长的回程中，五位老者相继因病故去，只剩下六铎公一个人携带"泐虽"回到了家园。更不幸的是，六铎公千辛万苦带回来的水书，竟然在刚到家时就被一个来历不明的人抢走大半，这个恶人名叫"哎任党"。

无奈的六铎公痛心疾首，努力在记忆里搜索，尽最大努力把还记得的字符慢慢复原，但是，无可挽回的是，能够复原的字数已经大大减少了。为防恶人哎任党再来破坏，六铎公故意用左手写字，同时把原有字符或倒或横地记录，终于使独特的水书一直保存到现在。

神秘的水历和水书，在对外部文化的不断借用和被外来因素挤

水书中“二十八宿表”（清雍正年间抄本）

压的漫长过程中，至今依然对水族人的生活产生着无法量化的深深影响，并在中国民族文化宝库中成为一道特有的文化风景。

正因为水历的存在，才有了水族人最为看重的端节。

过端，那实在是一段让水族人家兴奋、期待并激动不已的日子。

牙俣女神的消失

● 千年古树

“盘古开天，女娲造人”，在中国，这些传说中的古代创世神为大多数人所熟知。

充满诗意的图形描画、绘声绘色的神话叙述以及千千万万人的心理承袭，让中国汉族牢牢记住了他们生命中沧桑而浪漫之极的想象中的始祖神。事实上，从人类学意义上说，世界上的任何一个民族，在心理和文化上拥有一两位只存在于传说里的辟世大神都极其正常。

在现在的水族村寨之间，人们所能感受到的威望最高的神的名字，和水书的传递者相同，没错，是六铎公。

足够多的水族传说故事，都表明六铎公不仅是水书的传教人，

● 融水永乐乡蒙村的土主庙

而且直接跟水族的北上大迁徙有关。正如广西学者黄桂秋在《水族故事研究》里所说，水族民间存留的祭祀祷文中，总会提到“恒广舍、定岜越、低岜虽、惸干引、领干各”。这段祷文的意思是说，“在广西的岜越山脚、岜虽山下、燕子洞上、蝙蝠洞坎之处”，而且这样的祷文只有在恭请六铎公神灵的时候才诵念，并在其中糅进了许多关于民族大迁徙的细致内容。不仅如此，在水族人的传承想象中，六铎公还和他的父母及弟妹组成了一个拥有 14 尊魂灵的保护神集团分管不同的农事活动，最大限度地护佑着人们的日常生产和生活。

因而，六铎公自然而然成为水族原始信仰中的至高神。

但，六铎公却不是一个创世神。

水族最早的创世神，名叫“牙俣”。

这是一位万能的女神和曾经备受崇拜的始母神。

在水族神话和古歌里，牙俣女神承担了水族先祖心目中最起始的神圣创世使命，她长发飞舞，衣衫飘飘，从宇宙混沌中探出了一张满是圣洁光芒的美丽脸庞。

神话是这样说的：牙俣凭借着天赋的神力，双手使劲掰着合在一起的天和地，她撅起嘴，一口气徐徐吹去，于是，巨响声中，扭结在一起的天和地猝然裂开，一边成了天，另一边成了地。但是，天地虽然被分开了，天空却是斜斜地架着，很不稳当的样子。牙俣便去做了两根柱子，一根是铁柱，一根是铜柱，两根坚硬的柱子把天和地牢固而端正地撑了起来。女神放眼一看，天有了，地有了，然而天地之间黑糊糊的，显然缺少了很关键的什么。她当然知道自己还要做的事，她开始造太阳、月亮和星星，并一下造出了十个光耀人间的大火球。可这一来，热量惊人的火球在带来无尽光明的同

水族田园

佑村神灵

时也晒化了山石，晒蔫了人间所有的绿色植株，也晒干了地上本来水浪翻腾的江河湖溪。女神听到了人类焦渴的呻吟，转身取过铜铁二箭，毫不留情地亲手把自己创造的十个火球射掉了八个，让最后两个一个变成月亮，一个变成太阳，终于成就了风调雨顺的水族家园。

这个神话，名叫《牙俣造天地》。

水族先祖从此开始了幽幽的古歌传唱："哪个来，把天掰开？哪个来，撑天才得？牙俣来，把天掰开；牙俣来，把天撑住……"

这样的神话传说至今仍佐证着牙

倮女神曾经有过的至高无上的权威。水族先祖对女神的追念，甚至延伸到了开天辟地之后的造人和向人传授生活中不可或缺的技能，比如造屋、植谷、分四季、定婚姻等。人们想象中的女神既用剪纸造人，也自己下蛋造人，还直接用自然物塑造出“四个哥弟”，缔造了水族先祖，让他们和谐生存，繁衍至今。直到现在，人们依然可以听到《人类的起源》、“造人歌”之类传说与古歌的清晰片断。

可以说，牙倮女神在苍茫的古时曾经享受过水族先祖们所赋予的最高荣誉。

然而，牙倮女神身上的闪亮光环，并没有更多地照亮水族后世，反而逐渐退出了后来出现的神话和传说平台。

终于，女神从水族的原始信仰中突然消失了。

水田

水族的民间神，成了清一色的男神天下，从拱恩起，一直到现代水族人认为最为德高望重的六铎公。让许多学者深感疑惑的是，曾经无所不能的创世母神牙倮，在至今仍信奉祖灵崇拜的水族原始宗教信仰中，竟然会消失得无影无踪。

这是怎么回事呢？

《水族故事研究》的作者黄桂秋先生认为，实际上，这与水族先民所处的社会形态变更有关，是水族原始社会父权制逐步上升、母权制渐渐退出历史舞台现象在民间文学及总体文化倾向上的基本反映。

当然，牙倮女神虽然已经从现代水族人的视野中悄然远去，但女性的传统影响力却并未全然丢失，比如传说中的牙花散、牙花离、牙花术和牙花隆四位主管生育祸福的女仙人，就仍然还是每年四月丑日水族重要节日之一——苏宁喜节的绝对主角，这一天，只属于水族的女人和儿童。

只是，女神们在水族长长的生活画卷中，已不再是具有决定性影响的创世偶像和祖神。

水族后世，因为六铎公艰辛传递水书和率领民族大迁徙更为贴近现实生活，其德行威望更为清晰可感，而把这位智慧老者奉为至高无上的族神，使之高高坐在了民族信仰的精神殿堂之上。

母子情深

鱼是如此完美

由于水族自称为“虽”，且其他民族多以“水家”称之，1956年，经过民族识别并尊重其民族意愿，国务院批准，确定其族称为“水族”。

也就是说，“水族”名称的诞生不是直接因为水。

可无法否认的是，水族传统生活却和水里的鱼有着分不开的密切联系，人们对鱼始终存在一份特殊的感情，而鱼，也在水族生活里占据着特殊的地位。

水族酸鱼

鱼篓

《越绝书》记载："大越海滨之民。"许多水族人一直到今天仍然执著地认定，先祖们肯定是从遥远的海边迁徙过来的。既然如此，在海边打鱼抓虾、视鱼为亲善物又有什么奇怪呢？甚至，鱼在水中的四处浪迹，竟隐约就被许多水族人认为和本族过去的不断迁徙有着异曲同工的味道。

水族有两大节日，一为"端"，二为"卯"。其中，端节的由来也和鱼无法分离。在相关传说中，传达出来的是这样一个故事：水族先民们北上迁徙到现在的定居地后，族群慢慢变大，人口日益增多，原有的村落显然住不下了，一部分水族人只好再次迁徙，散居四方。在大家分手时，有人问起族人怎样轮流过节以及如何定好过节顺序的事情，老祖公拱登想出一个办法，他让各个支系分别派一个人去抓鱼，然后按鱼的重量来定先后。

这个故事表明，鱼在水族先民心中散射着某种神圣的光泽，故事里的鱼，事实上已经被当成了祖灵的化身。

换句话说，如果大胆推测一下，鱼，在水族先民的生活里具有一种图腾的意义。

是的，这就是鱼崇拜。

水族人对鱼的美好想象体现在非常多的鱼故事中，除了上面提到的《端节的由来》外，还有《鲁班造鱼》、《鱼姑娘》、《双飘带》、《鱼的怨气》、《鱼罗师傅的故事》、《阿榕与满免卡》、《百褶裙哪里去了？》、《水族为什么住木楼？》等许多传说。

在这些故事里，鱼既无私地把自己提供给水族人作为吉祥而宝贵的食物，又代表着水族人的意愿把忠义和爱情演绎得相当完美，同时还以强大的力量惩恶扬善、为人们治病驱魔祛邪，创造美好生活。

正因为以上种种因素，很自然地，鱼便被水族先民认为是他们的族群老祖，鱼会为他们带来食物、驱除灾祸，给人们降示预言以指导水族人家趋吉避害。

鱼，就此被作为圣物而为水族人世代礼拜。

但有一个问题又产生了，那就是，既然鱼被水族人作为圣物礼拜，而水族又普遍喜欢吃鱼，那么，这之间不就出现逆反性了吗？

从图腾研究角度来看，一种动植物之所以会成为某一族群的图腾，其起因多是因为这种动植物会被人们用作大宗食料（参看弗洛伊德:《图腾与禁忌》）。最初，人们是以食用为第一目的的，然后才形成对被食用物的礼拜，而被礼拜的圣物一旦形成，就不能随意生

鱼图腾造型

杀。然而，由于历史总是不断向前发展的，图腾崇拜的意识也总是慢慢地越来越淡化，“当人们由于必要而必须杀死图腾物时，那么，在事前必须举行宗教仪式似的道歉和赎罪仪式”（弗洛伊德:《图腾与禁忌》）。

水书中的“鱼”字

刘知仪、石国义所著的《水族文化研究》中指出：“水族对鱼的态度，也可以说是出于同样的心态。水族端节以鱼为祭祖的最珍贵供物，实际上也就是一种道歉和赎罪的仪式。有了这个仪式，吃鱼就扫除了心理障碍。久而久之，这种仪式的心理因素逐渐被遗忘，吃鱼便成了纯粹的享用，只是出于对祖先的崇敬与怀念，才延续着以鱼为祭品的习俗。”

年节时分，鱼包韭菜或清炖鱼是水族祭祖的最好供品。

有亲人故去，虽然丧家忌吃荤菜，但鱼虾等水产品是不包括在荤菜里的，鱼可以吃，同时还是祭品和礼品中的上品，墓碑顶上也会出现生动的双鱼造型。

人们到水族人家做客，如果能在饭桌上看到鱼，那么你被主人家当成贵客是肯定的了。

倘若有水族人家新婚办喜，则大多会出现这样一幅图景：

也许，陪送新娘的人群还在远远的路上，反正，新娘头上总会有的那把伞并未出现在男家迎亲队伍的视野里；也许，新郎还在最后一次整理衣衫，新娘的娇媚容颜仍然还只能出现在想象中。这时候，一个穿着矮领斜襟唐装、腰上绑着青蓝色布巾的汉子，会悄悄提着一个水罐走进新房，他把水罐一直提到洞房的床前放下，然后坐在一张凳子上静静地抽起烟来。抽完烟，汉子重新提起水罐走出新房，他一路疾走，径直奔到村头的河边。河水拍岸，哗然有声，河面上，两只小小渔船翩然摇过，船上人儿大声唱起弯弯绕绕的山歌，歌声顺着河面一直飘到提罐汉子的耳朵里。汉子微微一笑，两

● 水乡风光

个手腕一翻，将罐子倒转过来，让罐子里的水哗啦啦撞进河里。

原来，水罐里一直装着两条不停游动的小鱼。

小鱼回到河中，倏然不见，在汉子眼里河水依旧，但是，汉子心里已经浮出了一阵吉祥的感觉。

放生的是小鱼，可汉子知道，从他手里游出去的，是一对新人

完整的姻缘和幸福，鱼的鲜活，代表着姻缘由此鲜活。

在这不久之后的某一天，那间新房里传出一声响亮的婴啼，一个新的生命从此叩开人世的大门，女孩会被叫做虾，男孩就叫做鱼。

第二章 年节如歌

有端也有卯

水族最盛大的节日有两个，一是端节，二是卯节。

过端节的水族人只过端节而不过卯节，过卯节的水族人只过卯节而不过端节。

一般而言，各个村寨的水族不会在同一天过端节或者卯节，即使这样的节日相当于过年，他们也会按不同的习惯分期分批轮流过节。

宜州市龙头乡龙盘村向南屯水族民居

在广西，南丹及宜州一带的水族时兴过端节，他们选择的日子基本是在农历九月和十月，也就是水历的正月和二月的亥日；而环江一带的水族则惯于过卯节，过节的日子，被人们选在农历的五六月间，也就是水历九月和十月中的卯日。这其中，过端节也许还会按地区被分成不同的很多批次，过卯节也是这样。

那么，为什么既有端节，又有几乎同一种性质的卯节呢？

端节的起源是什么，卯节的起源又是什么？

如果抛开年节的概念，我们也可以把端节的源流及整个过程视为“端文化”，把卯节的源流和过程视为“卯文化”，因为，水族这样的节日，具有足够的文化内涵。

有关学者认为，水族之所以有端又有卯，一方面显示出水族由不同氏族经不同迁徙路线和时间汇聚而产生的差异，另一方面，是由于水族历史上没有一个强有力的政权来统一水族文化，从而产生了在不同生活区域内、独立形成了相对不同文化传统的特殊文化现象。

为什么要过端节？没有人可以说出端节诞生的准确时间和具体因由，只有传说故事《端节的由来》这样告诉人们：很久很久以前，

融水汪洞乡英洞村水族村落

祖公拱登领着族人翻过数不清的山，涉过数不清的水，千辛万苦才来到现在的居所安定下来。日子一天天过去，小孩子一天天增多并长大，房子，终于不够住了；田地，终于也不够种了；更年轻的人，终于要另外再去寻找安身立命的新家园了。分手的时候到了，人们依依不舍执手相诉，约定在第三年的水历年尾交年头时，出去的人要记着带好收获的各种食物，一起回到分手的地方完成大家相聚共欢的心愿。转眼过了三年，各个方向曾经远走他乡的族人果然依诺而回，兴奋的笑声传遍村寨和山冈。因为各地回来的人很多，为了更方便和更有秩序，水族人不但把这一段时间（一年的开端）定为端节，而且商定了不同地方的族人错开同一个日子，分期分批地轮流过节，并由祖公拱登主持，以抓鱼称重的办法定下了分期分批过端节的先后顺序。

从传说中可以推断，过端节应该是在水族大迁徙以后才兴起的事情，且反映了水族强烈的鱼崇拜意识，充分体现了水族人祈求先祖赐福、怀念先祖业绩的虔诚心态。这个故事还透露出这样的消息，虽然水族已经从百越中分离出来，成为一个相对单纯的族群，但是依然是一个由许多不同血缘的部族在同一地域长期生息之后所组成的大共同体。各种各样的因素，因而使“祭祖”和“赛马”成为端节的两个重要内容。

那卯节又是怎么回事呢？

从卯节起源的有关传说中人们可以看到，卯节除了追念先祖，

柳州融水水族村——蒙村村巷

更偏向于对丰收的祈祷和以山歌尽情相娱。一个传说是这样说的：很早时候的某一年，遮天蔽日的蝗虫呼啦啦窜进大片的水田中，田里的庄稼很快被蝗虫一层层地无情吃掉。水族人急了，水族人慌了，但他们只能痛心而无奈地看着，一点办法也没有。九姑娘悲愤地唱起歌，向老天发问和哭诉。这时，天上的六鸭道人听到了歌声，他

翩然来到凡间，吩咐水族人立刻回去清扫自己的房子，然后把扫出来的灰尘全部撒到田里。尘埃一到，蝗虫立毙，水稻竟重新变成挂满谷穗的丰满模样。族人为纪念六鸭道人，就把稻谷成熟时的水历九十月间的辛卯日定为卯节。另一个传说则跟水神有关，说的也是水族人因水神才享受到了五谷丰登的舒心日子。

以上两个传说内容不同，但都拥有一个明确的主题，那就是对农耕文化的高度关注。水族应该是离开水边以后才开始农耕生活的，这说明，卯节的兴起，也是水族大迁徙之后，同时佐证了农耕生活在很早时就已代替原始渔猎而成为水族人重要的生产和生活内容。卯节中的“卯坡对歌”，当是源于九姑娘问天的歌声，水族人细细长长的歌谣，既是为神而唱，也是为己而唱。

端节以人本为特征，卯节以自然为主调。

端节的覆盖面更广，卯节的风格则显得更为浪漫。

吃端的日子

秋天来了。

一个许多水族人等待已久的日子在秋霜里进入收获后的水族村寨。

这时候，在公历是 10 月，在农历就是九月，而在水历中，这却是正月，也就是一年里的开端之月。

牛归圈，谷进仓，忙碌了一年的田地开始闲下来，人，也开始长长地透出一口气。

端节到啦，端节到啦。

端节在水语里叫做瓜节，也称为“借端”和“吃端”，是水族最看重的一个节日，相当于汉族的过年吧。吃端，再明显不过的一个含义就是，人们辛苦劳累了这么久，该

水族妇女收禾把进仓

享享口福、好好慰劳一下肚子了。

水族人过端节并不是统一在同一个时间里大家一起过，他们需要分期分批轮流吃端，一般在逢亥日时过节。其原因，正如前面所说，祖辈都这样，于是，后世也就都这样了。在贵州水族聚居区，吃端会分成长长的七个批次，听起来都比较复杂。

广西水族的居住相对分散，因而，他们吃端的日子大多自己选定。广西南丹的水族属于时兴吃端的地区之一，人们选择过端节的日子，是农历九月初九，也就是水历的正月初九了。宜州的水族过端节，则选在了农历八月十五，也就是水历的头一年十二月十五。

不管何时过端，吃端的重要内容一般都有三项，一是祭祖，二是吃团圆饭，三是走亲访友。

暮色降临，“除夕”缓缓而至。祭祖的素席整理停当，摆在了堂屋里的先祖位前。所谓素席，自然没有猪牛鸡鸭等大荤之肉，但鱼是例外的。祭桌上，清蒸的鱼包韭菜在温暖的灯光下透射出诱人的光泽，淡淡的鱼香飘满堂屋的每一个角落，顺着房柱慢慢升上屋梁；不包韭菜的清炖鱼也静静卧在碗里，逗引得小孩子在桌前跑来跑去，眼睛馋馋，却只能悄悄地一下又一下吸着小小的鼻子。一碗

端节吃团圆饭前先祭祖

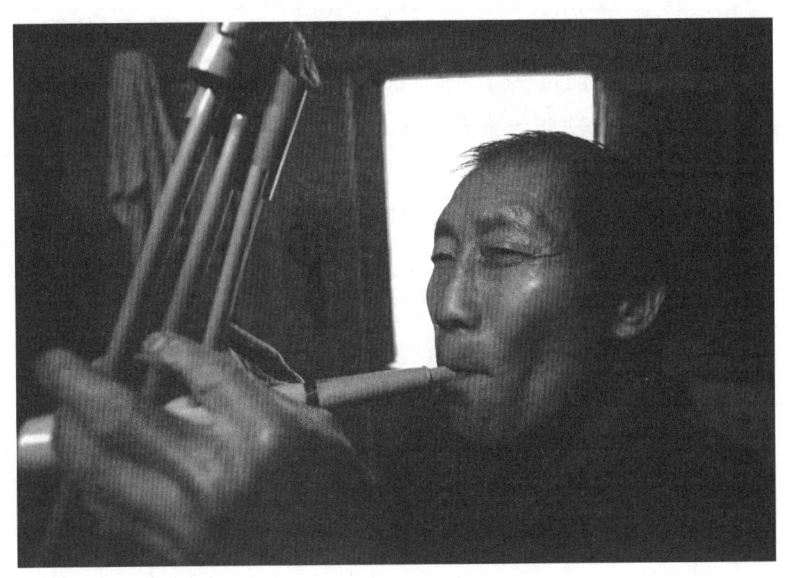

芦笙迎节

一碗的鱼旁边，放的是煮熟的白嫩豆腐和晶莹糯饭，米酒如浆，南瓜肥硕，糖果色彩斑斓，糯米粑粑呈现出细腻的白色质地。祭桌两旁，人们把一些花色衣衫和不常佩带的首饰一一挂上，并将犁头或者镰刀之类的农具陈列在桌脚旁。老人们在心中一句接一句地祷告着，因为，后世子孙之所以有这样饱暖的日子，全是托了先祖的“洪福”。屋内外人群畅快的笑声，声声响响，乃至昼夜不停，伴着人们欢庆的舞姿迅速传到了遥远先祖的耳朵边。开祭了，人们按水书写成的祷文高声诵念，把对先祖的怀念明白清晰地揉到了表情和声音里。大人们举起酒碗相互碰撞，一饮而尽，孩子们则兴奋地欢笑着，争先恐后地把糯饭和豆腐放到嘴里，品尝着吃端才有的尽情之乐。

广西的水族因为居住相对分散，过端节时的赛马就不一定是必然出现的节目，但基本程序是不变的，而且在细节上另有一些独特的东西。比如宜州龙头乡的水族，端节的日子定在了农历的八月十五，“年三十”吃团圆饭，“大年初一”却必须全天与素食相伴，不是竹笋木耳，便是豆腐豆芽，油气是不能近的，即使头天用过的碗筷刀锅，也必须一一清洗干净。“年初二”之后，开荤才是顺理成章之举。比较特别的是，这里的水族人家在团圆宴之后，还会有一个“果宴”，老人会先接过一把刀子，将很大的一块月饼切割成每人一份的数量，家人吃过，然后才随意取食各种新鲜水果，清脆的咀嚼声围桌而起，别有一番滋味。

融水滚贝侗族乡同心村朱沙红屯的水族，把端节完整地叫做南瓜节。传说，有一位先人亡故在田野上，人们将其遗体送回村子后，想大办其事却找不到猪来杀，只好用南瓜代替。于是，这里的水族后人过端节，家家户户都必须在屋里备好一两个大南瓜，当水历中的年头年尾交接时，人们半夜就把南瓜煮好了，煮熟的南瓜盛在干

融水滚贝侗族乡同心村朱沙红屯水族村落

南瓜节祭祀

净的簸箕里，被端到先祖牌位前供祭，之后，大家开始围着火塘吃南瓜，南瓜吃完，天也就亮了。当太阳暖暖地照在窗台上，煎煮鲤鱼以及其他食物的浓浓香味，才正式加入到年节的欢喜气氛中。

对于水族人而言，吃端实在是一个让人兴奋和惬意的节日。

在端节里，人们最虔诚地感恩着，最快乐地吃喝着，最放松地享受着，最开心地欢笑着。

这是一个从来不会忘记感恩的民族。

借卯的时光

山上的林子还在蒸腾着白天烈日的燠热，房檐下的狗儿依然伸长舌头注视着屋前走来走去的人们，田野蛙声一片，一个不一般的日子就在夏天里像金黄谷穗一样长成了。

萤火闪闪，仿佛不停地提醒着笼罩在炊烟里的水族人家。

不知不觉，卯节就到了。

卯节在水语里叫做“借卯”，而“借”，就是“吃”的意思。卯

雾绕云伴的水族村落

绿意盎然的稻田

节是不兴过端节的水族人家的节日，性质和端节相近。与端节相同的是，卯节也具有痛快吃喝的特征，也必须分批过节；不同在于，卯节的日期不在秋天而在夏天，即选在农历五六月也就是水历的九十月间的卯日进行。

卯节不赛马，它以卯坡对歌作为节日的最高潮。

《水书》中说，水历十月是绿色生命的旺日，辛金卯木，辛卯日就是农耕者以水木为本最顺利的日子。正此时，夏收刚刚过去，新秧已经上坎，坐下来歇歇气，贺一下小季丰收，祈祷下一季庄稼兴旺成为人们极其自然的愿望。

所以，卯节就在水族人家度夏的日子里开始了。

在广西，过卯不过端的，是环江一带的水族，他们过节的时间与内容，跟贵州三都及荔波的水族人家基本相同。

卯日的前一天是寅日，寨子里性急的人一大早就忙着赶猪出圈了，那头养得很肥的猪，也很快就成为刀下之物。男人们欣慰地像庖丁解牛一般把新鲜猪肉一片片分割开来，看着微笑的女人们一点一点地将肉和骨提进自家屋里。另一拨人迎着早晨的第一缕阳光下到河里，一网接一网地动作着，让肥美的游鱼迅速堆满舱面。他们姿势优雅，似乎只是在无意的一扭身和一抬手之间，就让鱼们“心甘情愿”地跳上小小的船头。女人们洗好豆子和石磨，开始了磨制豆腐，当豆腐快蒸熟时，她们又闻到了窖酒开坛的浓浓酒香。与此同时，空出来的人手一律加入清扫屋子内外的行列，积尘被轻轻地拢成堆，由人们用各种小铲和筐子装着，端到稻田里一撒而尽。

夜色渐浓，祭祖在灯光中成为每家必有的场景。与端节相异，卯节的祭祖是不避荤素的，祭桌上搁满了丰盛的菜肴，肉香和酒香氤氲在每一个人的身边。他们相信，先祖一定会从诱人的菜香和虔诚的祷诵中，感受到子孙后世们积聚在心中的深深敬意。

卯日最红火的景致，是水族人自发聚合而成的卯坡对歌。这里没有赛马，歌谣就是所有借卯人享受无尽快乐的直接导火索。一位众望所归的老人会首先在卯坡上高声致词，大意是起兴和提醒，既希望卯坡上的人们在先祖留下的节日里尽享欢乐，又提醒人们已婚男女务须自重，先祖的意愿，只是要让未婚的男女们享受到他们应

水族菜肴

水乡春来早

该享受的一段美好时光。老人最后说道:“让我们欢歌幸福,让我们节日欢畅……”当老人还未及说完最后一个字,坡上的欢声已经淹没了所有琐碎声响,小伙子因为兴奋涨红了青春的脸庞,而姑娘的脸颊,也因为开心而泛出了羞涩的红晕。

水族惯例,在平常时分,有缘的青年男女们是不能直接接触的,即使托人传情,亦要避开长辈兄嫂。但在卯节,一切都不再是问题,这是一个青春张扬的地方,情感和福缘,可以在这里释放出最不受拘束的动作与声音。

“一张木叶绵又绵,摘张木叶放嘴边,木叶好比红丝线,牵得小妹下山巅。”

“大路青青开满花,回去三天转来查。蝴蝶飞在哥门上,是哥姻缘飞进家。”

“凤凰好好飞上天,金鱼好好一对眼。桂花好好街上卖,情哥好好妹身边。”

卯坡之上,缠绵的情歌将追情男女、夏季的热风混合,制造出了布满植物气息的山野浪漫。男孩看上女孩,女孩就无法轻易躲开,

● 坡会

男孩的同伴会用联臂的方式围住女孩，唱起情歌，编织一个真心挽留的柔软细网。或许，女孩也并不是真心想走，有时候，躲闪是她们考验男孩诚意的一种特别举动。他们终于面对面坐下来，歌也罢语也罢，总之，情意就在歌里越唱越近了，他们各自的同伴会环围而坐，伴唱或者守望，直至水到渠成。因歌而情，缘情而婚，这样的嫁娶即使是双方父母，大多也会在默许中让有情人终成眷属。

又一个夜晚来临。

每一户水族人家都围坐在自家的火塘边，说、笑、闹，就着糯米佳酿尽兴而食，把一年的劳累全部浓缩在酒碗里，一碰尽干。铜鼓声响起来，其中夹杂着皮鼓敲出的节奏，灯影如梦，过年的气氛和情绪已被烘托到了极致。

夜更深时，许多寨子都设有的歌堂里开始聚满快乐的歌手和听者，那里，按惯例要唱“姨娘歌”了。女歌手和伴唱妹妹在歌堂里间，男歌手及伴唱者坐在堂屋中，男歌女和，女歌男应，众多观者听得如痴如醉。歌声连绵不绝，任晨曦初露，歌手也毫无倦意，以至两天三天，长歌不息。

从某种意义上说，卯节，也是歌节。

在广西环江驯乐水族村寨，人们在卯节可以听到这样一首“进村歌”，歌云：“卯节到了，农忙的日子过去了，我们洗手洗脚快打扮，走村串寨去唱歌……”

借卯，在灿烂夏天的鸟鸣声中，在水汽升腾的田野上，为世人铺开了另一幅水族人家的年节图画。

尼杭和牙花散

水族的苏宁喜节，日子选在农历十二月。

我们已经知道，农历十二月，也就是水历的四月了。在水语里，“苏宁喜”直译出来就是“水历四月丑日”的意思。一般情况下，这个丑日，指的是水历四月第二个丑日。

在传说中，这是生母娘娘给人间送子嗣的日子。

富裕起来的水族山乡

男人们心里非常清楚，到了苏宁喜节，就是天大的事，也绝不能乱动女人和孩子一根指头，否则，生母娘娘和野神牙却都会让造次的男人遭到应有的惩罚。单就现象而论，苏宁喜节完全具备了现代社会“妇女儿童权益保护日”的基本表征。

为什么会有苏宁喜节？

这应该跟水族古代社会特定的生活环境有关。由于生产力极不发达，所居之处大多湿热不堪，瘴气弥漫，水族人便常常遭遇饥荒和瘟疫的侵袭。一旦灾病到来，首当其冲的就是抵抗力最弱的小孩子了。面对一个又一个孩子无助地夭折，无奈的水族先人们只能仰头问天，低首求神，久而久之，一个希望借仙福保佑子嗣繁衍及家族兴旺的水族民间节日终于慢慢成“型”。

苏宁喜节，也叫做“娘娘节”，人们所供奉和祭祀的娘娘，统一被称为“尼杭”。一般认为，尼杭是一个总名，这个名称包含了牙花散、牙花离、牙花隆和牙花术四位仙子。但也有学者认为，牙花散四仙子负责的是连接天地、引魂、接种、投胎等事宜，具有很强的抽象性；而尼杭负责的是孕育、接生、抚育等清晰可感的人间

行为，更贴近人们的现实生活，二者应是有所区别的。古代水族社会的节日情况表明，很早以前，在苏宁喜节里并未出现尼杭这个名称。

不管怎样，在传说中，苏宁喜节源出牙花散四仙子是可以肯定的。

这个相对较长的传说内容如下：

天地初开的时候，水族人住在一个叫恒虽的地方，那里田少地缺，虫多草长。不幸的是，一场瘟疫降临了本来就人口稀少的简陋村落，头天还在活蹦乱跳的孩子们，转眼间一个个头疼脑热、神志不清，而药是非常匮乏，可怜的孩子们，就在父母们束手无策的时候走完了自己来到人间的短短旅程。母亲们哭喊着生育女神牙花散和牙花离的名字，悲痛欲绝地扑倒在成片的坟堆之间。

巧的是，牙花散和牙花离正好从天空飞过，她们怜爱地看着悲惨的人们，想用应急仙法唤醒坟包里的孩子。但当人们打开坟包，伸手触摸自己的孩子时，牙花散才发现，孩子走得太久，救不回来了。仙子们掐指一算，知道如

水族母子

水族孩子漂亮的帽子和背带

果能马上让女人们怀孕，那么到第二年水历的丑日，怀孕者就会如愿诞下新的生命来。她们赶紧用红红绿绿的纸剪成许多小纸人，在人们睡着之后悄悄放到女人们的怀里，并用彩纸须裹到竹条上做成“梅化”、用彩纸缠竹弯成小拱门形状的“科泛”放到每一户人家门前，然后给女人们托了个梦，一提云头，走了。

这一夜，所有得到纸人的女人都梦见有小孩子叫自己做妈妈，

孩子还说，到明年四月丑日他会来到世上，到时，希望妈妈能送上红鸡蛋、花糯饭和红红绿绿的“梅化”及“科泛”。女人们醒来，看见了怀里的纸人和门前的“梅化”与“科泛”，并知道很多姐妹做了同一个梦，惊奇不已。让她们更惊奇的是，没有多长时间，得到纸人的每一个女人都幸福地怀上了孩子。第二年的水历四月第二个丑日很快就到了，一个个婴儿带着响亮的啼哭来到水族人家。人们怀着强烈的感激之情，从此在每年水历四月丑日设桌供奉生育仙子，桌子上有酒有肉，有红鸡蛋和花糯饭，墙上有纸人，有好看的“梅化”和“科泛”，每户人家都会在苏宁喜节里向生母娘娘虔诚祷告。

融水水族孩童

传说当然是故事，但又不完全只是故事，每一个传说，都只会诞生在有着某种强烈愿望的特定心理土壤中。

最传统的苏宁喜节过程，对于细节特别讲究。

四月丑日的清晨，也许和往日没有什么两样，但在人们心里，这个丑日是不可代替的。第一个要供的，当然是生母娘娘，这张供桌会设在水族人家的里屋，鸡肉、猪肉和豆腐在淡淡的光线里静静等待仙子驾临，而更不能缺少的花糯饭和红鸡蛋，早就伴着酒碗被端上了洁净的桌面。供桌前的墙上，许多小纸人贴壁站在“科泛”的拱门里，仿佛在看着装有童衣和首饰的竹箩被提到桌边。供桌旁的地下，设的是一张副席，专敬野神牙却，为的是不让这位专爱捣乱的野神弄出什么岔子来。供仪完成之后，人群里爆出一阵叫声，所有的孩子都和女人们一起被请到宴席上，尽情享受这个只为他们而存在的特殊节日。在这一天，孩子们可以提上特别制作的小竹篼，三五成群地四处嬉戏，他们唱着歌，挨家挨户上门“讨吉利”，而每一户人家都会笑脸相迎，极其热情地满足这些代表吉祥的孩子们，直到他们欢天喜地地去到另外一家。

今天的尼杭如此深入人心，而关于牙花散四仙子的更多细节，似乎只有到神话中去寻找了。

时代不断向前推进，现在，苏宁喜节已经从最早的单纯供祭演变成了水族人家的一个欢乐节日。

霞 呀 霞

用水槽引来山泉水

以农耕为本的水族，和其他许多稻作民族一样，对雨水有着几乎是与生俱来的生存依赖和强烈期盼。

从雨水延伸开来，凡是水，都因此而成为水族人的生命琼浆。于是，敬霞节出现了。

“霞”是什么？在水语中，这个“霞”专指水神。敬霞，明明白白就是敬水神。这个节日，很显然是来源于远古水族的自然崇拜，当大片水田因某一阶段的长期干旱而干渴呻吟时，无法抗御天灾的水族先民便只能将希望寄托在想象中的水神身上。此时，拥有异常力量的神，当然就会成为凡人的愿望化身。

但是，在水族人口耳相传的故事中，敬霞节的来历，却布满了美丽的童话色彩。

故事说，很久以前并没分什么民族，人们住在隔鸟河沿岸以捕捉鱼虾为生。然而，人总是会越来越多，鱼虾相对就会天天减少，人们无计可施。一次，一位老人下河捞虾，虾没捞上，虾笆里却出现了一块很重的大石头，而且，无论老人如何避让，石头总是一次次地回到虾笆里，即使走到河的上游也不例外。老人仔细看看，发现石头非常像人的模样，便把它带到河岸上放下。当更多的人围上来时，石头开始说话，告诫大家应该分头离开，去到有水的新地方开田种谷。人们认为石头就是水神，于是依言而行，从此开始种植各种庄稼。12 年过去，出去的人不约而同地返回故土怀旧，却发现隔鸟河没了踪影，人们互相说着不同的话并穿上了不同颜色与花纹的衣衫，感慨之余，越发觉得是水神的指点才给大家带来了新的生

梯田

活。人们为了怀念水神，共同在原来供石的地方挖了一口水井，同时决定每隔 12 年大家按时欢聚，一起敬奉霞石。

在水族人家的代代口传中，这，就是敬霞节的由来。

敬霞节并非每年都过，水族人或者 6 年一过，或者 12 年一过。但无论 6 年一过还是 12 年一过，这个日子，都选在了水历的九月和十月间，也即农历五月和六月间某个吉利的酉日。

敬霞节，最关键的东西是霞石。

霞石是一块很像人形的石头，某块石头一旦被认定是“水神”，那么这块石头就会被特定的水族人群世代供奉。传统上，水族人相信霞石是水神的化身，所以对霞石有一种超乎寻常的关爱，以免霞石意外丢失而招致灾荒。

由于每一次敬霞节相隔的时间短则几年长至十几年，所以，人们对霞石的保护非常谨慎而隐秘。平时，霞石被悄悄埋在某一户忠厚可靠的人家里秘而不宣，只有到了敬霞日的寅时，以水书先生为首的各个村落中德高望重的老人才一起来挖出霞石，祭祀之后再度

霞石

将之埋到地下。埋霞的具体方位，除了男主人和祭祀者，任何人都无法知晓。这个过程，是大规模敬霞前的“敬真霞”。

和其他节日不同的是，敬霞节有严格的霞组织。

一个霞组织，通常由12个不同支系、氏族或者村寨组成，每个支系或村寨必须负责起组织活动或物资供应等某一个方面的事情。

敬霞的日子到了。

或者阳光普照，或者细雨绵绵，这一天的天气怎样已经不重

悠闲的水族老人

水族人家

要，重要的是，各路人群一定要按时到齐，敬霞所用的上百斤猪肉、数十斤米酒以及糯米饭等诸多供品一定要足量到位。人们由推举出来的水书先生领首，把虔诚的热情全部融化到一路播撒的铜锣和铜鼓声里，在一路山水与碧绿背景的衬托下，呼叫并大声地笑着，齐心协力地抬着供品往要去的敬霞地——霞井赶去，那里，早已搭好了敬霞要用的传统祭堂。

祭堂霞井的前面也放有一块霞石，但这只是真霞石的代替者，人们习惯上称之为假霞。

吉时在人们的喧闹声中来临。

勤劳的水族妇女

水书先生一边念着祈祷雨水调顺和人寿年丰的祷词，一边从霞井里取出水来，用青青竹枝的末梢蘸上水向四周细细点洒。

一头猪被抬到田坝里慢慢绕行，人们用水或者稀泥撒向抬猪者。

祭坛上的公鸡在人的逗引下昂首啼鸣。

人们脱下帽子，合上雨伞，象征性地享受水神所带来的及时雨点。

然后，各路人群开始抬出酒坛子向霞石倒酒，浓浓的酒香弥漫开来，熏人欲醉，酒，顺着霞石的石面一直流到石底下的泥地里，泥酒

敬霞节的祭品

相混的特殊气息迅速向四周泛开，使敬霞的队伍更加兴奋起来。石底下的泥土在酒的浇灌下很快变软，霞石，终于向一边偏倒，人们发一声喊，同时欢呼着敬霞的顺利和圆满。

这是祭仪的结束，然而，却不是整个敬霞活动的终结。听，山坡上下，树林内外，唱霞的歌声伴着酒香和水响，一阵一阵地飘在田野之间，歌声里，霞的来历与恩泽会被叙述得生动抒情，直到歌子慢慢变成极富青春色彩的情歌对唱，成为夕阳西下的动情伴奏。唱歌的人只管唱了又唱，而不唱歌的人，纷

水乡风光

纷拿起柔软而又刚韧的竹片，将竹片伸进稻田里，挑起泥水弹到身边的每一个人身上。更过瘾的是，一些人还会互相搂摔着滚进田间，一身泥一身水，甚至把刚栽的秧苗压得东倒西歪。

敬霞节产生时的原始性质，很明显是祈雨，因而从世界性的横向比较中可以看到，水族敬霞仪式与日本相湾地区乃至澳大利亚新南威尔士州的克拉旺部落等的祈雨内容及过程相似，显露出对下雨后雨量充足、遍地淌水的模拟和渴望。

当然，今天的敬霞节也已被水族人赋予了很强的娱乐色彩，人们在敬霞的日子里除了表达传统的愿望外，更希望在朴实的生活中获得更多的乐趣和喜悦。

雨呀雨，好雨知时节，声声催人笑。

汉风吹过“荐节”

集市上的水族妇女

荐节，是农历而非水历正月一些水族人家过的节日。

这，不就是汉族春节的一个影子吗？

没错，荐节的时间、内容和过法，基本上已和汉俗没有太多区别。在水语中，荐节也叫做“借荐”或是“荐嘎”。“荐”是水语正月的意思，借荐，就是在正月节里尽情玩乐；“嘎”则是指汉族，荐嘎实际上便是过汉族年。

广西水族因为分散居住，很多人家已经处于与汉族、壮族及其他

少数民族比邻而居的状态，他们除了通晓多种语言外，生活乃至年节习惯渐渐带上了诸多外来元素，他们既过水历年节，也过汉俗年节，这之间，并没有什么避讳和冲突。

农历大年三十，水族人家一样吃团圆饭，一样守岁，一样在鞭炮密集地响起时除旧迎新。

农历正月初一，水族人家和同村汉族互相道着拜年的吉利话，一起在家门外四处游走撞好运。

初二回娘家，初三走亲朋，正月十五闹花灯。

小孩子兴高采烈，为得到一个红包而欢呼雀跃。

事实上，多过一次年对孩子们来说，实在是求之不得的事情。

南丹县六寨镇的水族老奶奶

温馨祥和的水族一家人

荐节，确实是时代变迁中水族人家追喜求乐的一个另类节日，灿烂的汉文化影响着包括水族在内的许多中国少数民族的生活，使那些曾经远离中原视线的民族在习俗上出现了相互交流中的多样性和重叠性。其中一个结果就是，散居着的部分水族人家，在和其他民族比邻共处的过程中，在下意识地保持自己原有本色的同时，也把和谐的气氛自然地挥洒在村村寨寨之间。

汉风吹拂亦欣然。

第三章

暖暖衣共嫁歌起

男子身上衣

天蓝如水，远远的群山顶上，白得耀眼的云团以人们不易察觉的速度极其缓慢地飘移着，并不断变换出各种新鲜的姿态和形状，仿佛在无声地向这个世界演示着一个又一个山间民族的前世今生。

如果真是这样，那么，广西水族当然也就成为无数云团所要演示的内容之一。

这样的远山风景几乎是永恒的，在不可知的以前它就已经存在了，今天以及以后数不清的日子里，它依然还存在。

融水远山风景

水族老人服饰

世事沧桑，并不会改变天空中的云卷云舒。

水族人的衣衫穿着，却会在时间的流逝中不断变化。在现在的水族村寨，外来者或者还会看到水族人尤其是水族男人衣衫飘忽中透露出来的传统影子，但满山尽是蓝靛衣的古老风情，已不再是随处可见。大多情况下，只有在年节时分，更多的水族原色服饰才会非常抒情地出现在人们的视野里。

水族男子最传统的穿着，应该是指 20 世纪以前的款式和配色。

最常见的情形是，男人们吃过晚饭，在某一个场合互相碰见了，他们大声打着招呼，享受着一天劳作之后短暂的闲情。这时候，他们会说起白天发生的一些事情，但绝不会对对方的衣饰产生任何的好奇，因为，双方的穿着几乎没什么两样。那是同样的没有衣领的布扣对襟上衣，同样的既宽又长的裤子，或许颜色有所不同，但并不会影响到别人对他们族群归属的辨别。

真正外出的时候，男人们一般会用青色或白色的土布长条巾包在头上，穿上无领的布扣青蓝色长衫。如果是冬天，他们也许会戴上暖呼呼的锅驼帽。

● 水族男子长衫

在长衫外面，他们仔细地束上腰带，使飘飘长衫在腰间突然收束起来，飘逸而不失精干。长衫下，男人们穿的是宽松的“轰罢”，这是一种深色的套裤，裤料有着相对较好的质地和手感。套裤之内，就是便裤了。

男人们的脚上，很多时候穿的是“者撵”，这是水族人常穿的一种草鞋，草鞋又分成单边穿用和双边穿用两式。“者撵”有不同的制法和质地，相对普及的一种“者撵”是全部用细糯草编织而成，以草绳绑扎，看起来粗糙一些；另一种用细糯草织好鞋底，然后用麻搓成鞋耳、鞋尖和后跟，再用纱线穿绑起来，显得较为精细；还有一种就更为讲究，它全部用青麻编织，柔软而富于韧性，穿起来既轻又舒服，是草鞋里的上好产品。

如果是下雨天，此时，男人们要出门就不会再穿“者撵”，而换上专门制作的钉鞋，这种鞋，水语叫做“者毕”。“者毕”以土布做鞋帮和鞋底，缝扎时用的是棉线和麻线，鞋底有十几颗指头大小的尖头空心铁钉，还要用桐油浸过之后慢慢晾干，这样才算成型。

这样的鞋相当于今天的胶鞋和雨靴，不仅防滑，也防水耐腐。

当然，除了草鞋，水族男人也常常穿猫头鞋、尖头布鞋或元宝盖布鞋。毕竟，相对于草鞋，穿布鞋总是更为舒适一些。

水族中年男子

在21世纪的时代背景下，在西装、夹克以及便服的大规模闯入中，今天水族男子的基本穿着，已不再刻意地苛求“传统”两个字了。他们认为，怀旧是肯定的，保持内心中的文化认同也是肯定的，但面对现代世界不断更新的生产和生活方式，诸如长衫马褂之类的旧时装束，为什么一定要再去坚守不弃呢？

他们赶街，他们下田，他们坐车，他们行船，他们进入城市，他们拥有自己的更贴近当代生活的商贸往来，在这些过程之中，水族男子传统服饰的悄然退隐，并不是一件可以简单找出结论的事情。

不仅仅是水族，中国乃至世界的其他少数民族，又何尝不是这样处在同一种慢慢变迁的进程中呢？

然而，他们不再轻易穿着传统服饰，并不意味着他们没有。

年节到来的时候，男子身上衣，还是古风依然。

“花边栏杆”的婀娜

美丽的水族姑娘

屏山斜展，溪水潺潺，山边炊烟曲曲淡淡，捣衣人，笑语闲谈。

水族女子，天天行走在风景深处。

相对水族男子而言，水族女子衣饰上的传统延续在时间上拉得更长一点，她们那不知不觉的坚持，甚至一直展示到20世纪60年代。时至今日，最具特色的水族女子形象也在现实中渐渐变得稀少了，盛装时刻，唯节日方一展斑斓。

但你绝对不能说，那些朴素女子的身上，传统的元素在平常日子里肯定就是梦醒了无痕，至少，那些曾被

水族姑娘日常劳作

钟情过几百上千年的颜色和花纹，时不时仍会从她们常穿的衣服上跑出来。

水族女子的传统服饰，因为居住地区和宗亲氏族的不同可以分出很多种，有宽口大襟长围腰，也有窄袖衣衫绣飘带，有长发绾头插木梳，也有发髻盘顶裹头巾，或花边或素净，或腰带或腰巾，在山村间飘过来飘过去，各有不同韵味。但无论怎么变，大同小异的风格是不会变的，比如她们最崇尚的青蓝两色，比如她们做工细密的刺绣花纹，还比如她们引以为豪的漂亮银饰。水族人的原味服装中，绝不会出现大红或者艳黄这样强烈跳跃的颜色，这与他们平稳

恬淡的生活方式、青山绿水的生存环境、自重而内敛的性格以及传统染色工艺有关。

水族传统服饰全用自己染制的家织土布做成，而蓝靛，则是他们传统染布时所用的唯一染料。

毫无疑问，最早织出来的土布都是纯粹的白色，至少也是白中泛黄，那么人们身上衣服的颜色，看起来总是不免过于单调了。在

水族女子上衣

某种偶然现象的启发下，水族先民发现，就在他们每天都走过的山路两旁，一种叫做“蓼蓝”的植物能够让衣服变色，于是，他们从蓼蓝中提取出最初的蓝靛，并把蓝靛作为改变土布单一颜色的直接染料。由于当时的技术局限，水族先民很难从蓼蓝之外的其他具有颜色的植物中提取更多的染料，所以，用蓝靛染出来的蓝色，就成了他们服饰中最为固定的基本色调。土布在蓝靛中被反复浸染、晾

晒与捶打，颜色会越变越深，直到成为鲜亮的青色。纯正的青布常常需要花费人们几年的工夫，因而比蓝布更为水族人喜爱，所谓“青出于蓝而胜于蓝”。

至今，水族人仍然把传说中发现蓝靛的梅和葛两个人尊为“梅葛二仙师”，染布人家，也都把两位仙师的仙号贴在染缸上以求吉祥如意。

广西水族女子比较典型的传统服饰，以清代晚期传下来的样式为主。

让我们回到溪水旁，在捣衣声里看看那些从前的水族女人吧。

从远处看去，除了她们身上衣服的颜色有所区别外，并不能一下子读出太多的细节。在这个画面中，最具有动感的，还是她们头顶上包裹着的青色方布或者青白布条巾，随着捣衣动作的特有节奏，一顶顶头巾上下起伏摆动，轻轻的笑声就在摆动过程里一阵一阵地传出来。包青色方巾的，大多是上了年纪的婆婆，包青白布长

女式大褂

条巾的，就多是中年女子和花季妹妹了。

年纪最轻的女子，笑声却是最大，她穿着一件浅蓝色的对襟无领长衫，绸缎的质料显示出家境的殷实；偏窄的衣袖和衣身，在她自然随意的一举手一投足之间，勾勒出青春身体特有的美妙曲线；她丰满结实的胸前，佩着缝制精细的长围腰，围腰上绣上了细细的花纹；她偶尔摘下头巾时，就露出了盘在头顶并用插梳固定起来的乌黑长发，倘若此时正逢佳节，那上面还会有由精致银饰和花瓣组合而成的漂亮造型。老婆婆脸上挂着微笑，一边听年轻女人们说话，一边专心致志地摆弄着该洗的衣物，她穿的是对襟无领的短上衣，衣袖很宽，上面缀着闪亮的银扣，百褶裙前后各系着一块长条腰巾，裙摆有时一掀，裙下用长布条绑扎而成的裹脚便在不经意间露于斜阳之下。笑声不大但把话说得最明白的，则

水族中年女子

水族老人

是介于老少之间的中年女子了，她穿的是蓝色大襟半长衫和靛青色长裤，绣花围腰用腰间两侧的提花飘带系着，飘带系好后，柔柔的拖在身子后面。

在她们身后，静静摆放在溪石上的是几双“者勾”。这是一种水族特有的翘尖头绣花鞋。本来，这种鞋只有在盛装场合或走亲戚时才穿，此时出现在溪边石上，应该是女人们拿出来洗刷一下的吧。“者勾”的鞋尖呈往上翻翘的尖形，鞋帮上有用丝线绣成的底色图案，图案上又以丝线缠合马尾卷曲成各种几何图形。一般说来，“者勾”大多配穿“蛮亚”布袜、百褶青裙和银扣上装，方能体现出它固有的典雅与庄重。

水族女子的围腰，在水语里叫做“朵”，有长襟和短襟两种样子。“朵”在胸部位置绣有一块下底约6寸（20厘米）、上底约4寸（13厘米）的梯形绣花胸牌，胸牌以布壳夹心，用彩色丝线刺绣出各种花鸟图案，然后缝在围腰上，穿戴时，围腰要用银质挂链套悬在脖子上并以飘带系腰。这是一种装饰，同时也起到护罩衣裳的作用。

“者勾”

在水族女子传统佩饰里，银饰绝对是光彩照人的一种。

无论水族女子的常服还是礼服，青色、蓝色和白色总是主色调，属冷色系，也就是人们常说的素色。而银饰，就是对此类色调最有效的美化和补充之一。乡村生活，要做的农活比比皆是，除开重活，女人们要干的事情依然很多，在这时候，银饰是很少佩戴上身的，即使有，也不过一个手镯或是一副细细耳环。真正让银饰大放光彩的，是年节到来以及出门做客，此时的女人们，怎样也掩饰不住发自内心的兴奋。她们会喜不自禁地在脖子上套上纹路清晰的银项圈，而且，也许还会是大小不一的两只。她们的胸前，会呼啦啦地出现一排覆盖了大半个胸口的银质压领，一动之下，环佩叮当，更不用说银簪、银钏、银钗、银花、银梳、银手镯和银耳环了。

“花边栏杆”，是水族女子传统服饰中非常有个性特色的一道装饰风景。

女子围裙

这个“栏杆”，跟房屋建造无关，它所表示的，是水族女子服饰上的一种刺绣花边。可以肯定的是，花边的装饰是在彩线出现以后和刺绣工艺不断发展前提下出现的，其历史，无疑比自织自染单色土布要晚很多。花边栏杆不宽，纤细，却色彩斑斓，围着水族女子衣上的袖口、环肩、衽口、裤脚、围腰等的边沿，一道一道地缠绕出山野鲜花的芳影。花边栏杆的刺绣相当精美，其美观度和复杂度，完全可以代表水族刺绣工艺的顶级水准。传说中，

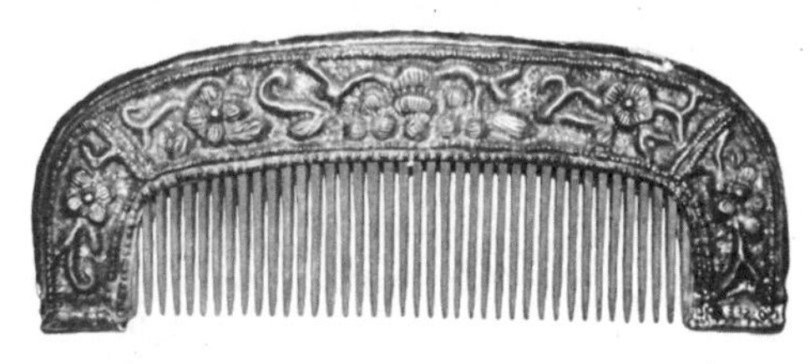

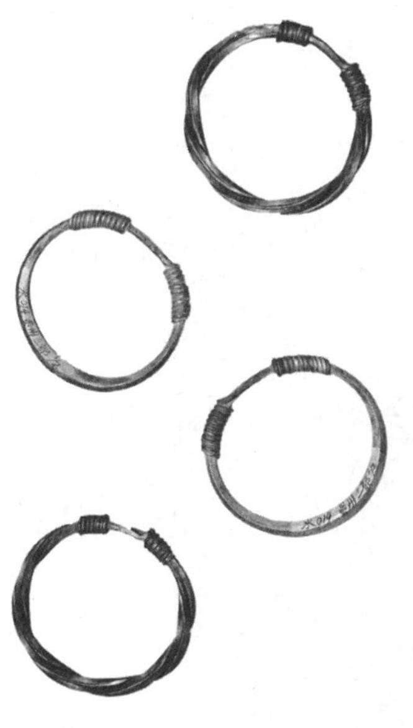

● 水族银饰

花边是一位名叫秀的水族少女发明的，她曾因为族人常遭蛇咬而苦恼，当看到山中锦鸡把蛇叮啄得四处逃散之后，便将锦鸡身上的彩色花纹描了回来，并照着绣出了从未有过的花边，再把花边缝到衣裤上面，众多女子闻讯而至，高兴地从秀姑娘手里学会了花边栏杆绣法，从此以后，水族人就很少被毒蛇伤害了，而花边栏杆绣法也名闻四方。

水族女子刺绣

水族女子绣花忙

不管花边是否真的是秀姑娘所发明，也不管花边是否真的源于锦鸡身上，总之，每一道花边栏杆，都已经让水族女子的身姿显得更加飘逸婀娜。

我手做我心

客观地说，水族的历史不可谓不悠久。

而一个历史悠久的民族，其在生存和发展的漫长过程中拥有一系列独特而成熟的手工工艺就是一种必然。

比如纺织和印染。

水族的纺织是从最根本的栽种棉花开始的，然后收摘，经过晒、绞、弹、卷加工，纺成棉纱，然后上到木制织布机，最后织成经直

● 手织土布

织布

纬横的平面白布。这种平面白布就是很早以前就出现了的布品，到后来，水族女人们又想到在纱线上调配出别的颜色，在穿过综片上搭出奇数反差的花架子，终于，别具一格的土织花布卓然问世了。在这些朴素却耐看的花布面上，不断地出现经典的斜纹、回纹、鱼骨纹、方格纹和花椒纹等，使水族土织花布享誉岭南一带。水族的印染讲究的是秉承传统制法，有制靛、起缸、浸染等诸道工序。“制靛”，即把原是野生而后来人工加以种植的蓼蓝搁到大容器里直到泡出蓝色素，去渣，以一定比例的石灰水混到其中，等蓝色素遇石灰沉底后，再倒掉上面的清水而成蓝靛；“起缸”，即先将草木灰碱水放到缸里面，以酒混合蓝靛同样入缸，让三种东西进行化学反应并搅拌均匀，此时，许多蓝色的泡沫花会浮现在液面上，染液便宣告完成；“浸染”，即先把白布泡水、拧干，入缸染渍，每过一段时间取出放入，如此反复，同时还要用牛胶浸布后碾平，染制过程

中需不时加靛、酒和草木灰水保持染缸活力，经过不同的浸染碾捶过程，土布便被做成了或深蓝或浅蓝或青紫的有色布料。一些水族地区出产的青布，因为质地上佳而成为有钱人家特别青睐的珍贵礼品。

又比如刺绣。

水族的刺绣是以前每一个女子都必须掌握的基本女红，她们大多在年纪很小的时候就开始学习这种绣艺了，一年四季，女人们无时不在飞针走线。小女孩一般先学绣一些小花鞋和小围腰，随着年龄的增长，她们的刺绣技巧也变得越来越娴熟，一些女子更是很快进入师傅级行列。在水族人的意识中，精通绣艺，是女人们的一大美德。

水族的刺绣按不同针法，可以分成很多种。第一种是平绣，绣面为净色的绸缎或平布，女人们把预先剪成形的纸模贴到绣面上，

梳纱

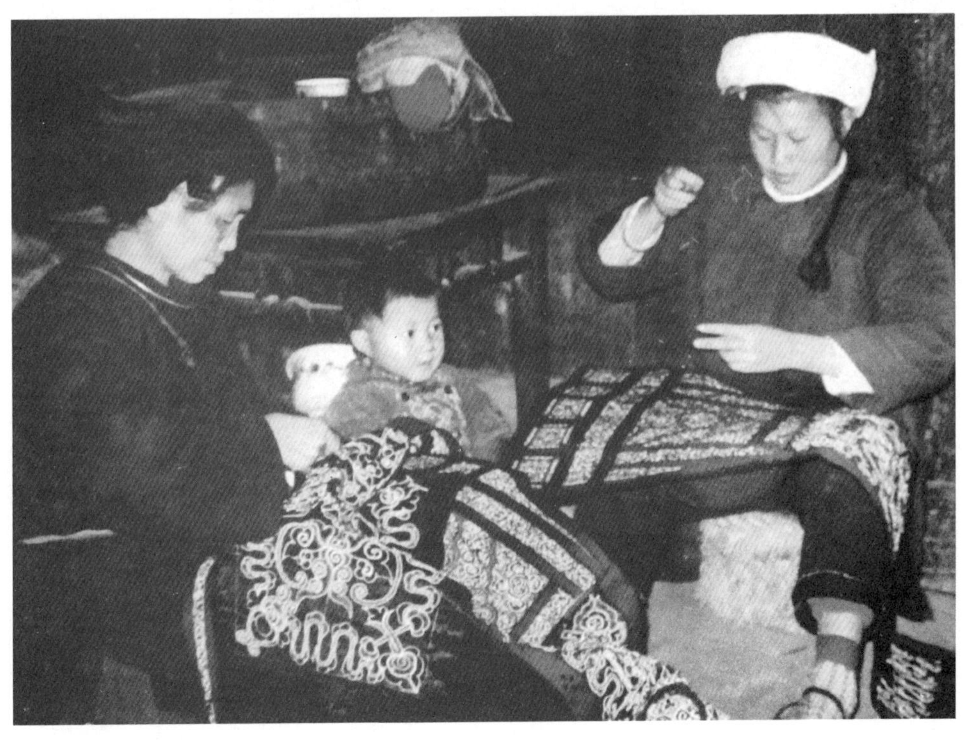

绣背带

并在下面垫上一层比较硬的布壳，再用不同颜色的丝线把纸模剪成的花鸟图案密密地一针针绣出来，平绣的图案比较轻灵，绣品多数用于做鞋花和围腰花；第二种是挑绣，即在平绣的绣面上，再覆盖性地绣上一层橙红色丝线，另用深绿丝线从上面挑绣出不同排列方式的菱形图案，这种绣品，会被做成背带的镶边；第三种是泡绣，此类绣法明显带有外来痕迹，类似于江南地区的引线、刺绣和修整过程，同一绣点多层覆线，饱满厚实，抚摸时有很强的立体感；第四种是马尾绣、结线绣和螺形绣的复合绣法，这也是最具有水族特点和古老风格的绣法，在水族以外的其他很多地方都有响当当的声名，其不需要现成的纸模作为刺绣时的引导，刺绣者凭借的完全只有经验和感觉，针针线线都是真本事。具体说来，这种绣法是将两

绣品

到三根马尾合成细细一束，在外面紧紧地缠上白丝线成为马尾线，女人们用马尾线在绣面上勾勒出想象中的花鸟图并以针线固定出图案骨架，然后以结线绣和螺形绣法引着彩色丝线一点点地填满整个骨架，也谓之“补花”，最后缀上亮晶晶的金线，整幅绣品工整细密、色彩祥和，常被作为水族传统背带的中央装饰，三套针法，一般都互相配合着交叉使用。

“歹结”是水族最重要的代表绣品之一，在水语里，它指的是用挑绣、马尾绣、结线绣和螺形绣制成

背带之一

背带之二

的水族传统背带，也是水族最好的一种背带。它以布壳夹心，用质地精细的布料罩在外面，上面的花纹图案由无数块部件拼镶而成，每块部件都体现出水族女子的勤巧与智慧。这种背带的刺绣工序浩繁复杂，即使是非常能干的女子，缝制好一条背带也差不多要耗去近一年的时光。

再比如银器打制。

哪一个水族女子都离不开传统银器，大到压领，小到银铃和银簪，过去的女人们箱子里或多或少都会藏有几样。而这些银器，基本上都出自当地银匠之手。水族银匠在一代又一代的实际操作中，已经把银器加工的锻、拉、钻、压、镂、刻、焊、铆等技巧运用得非常纯熟，表现出极高的技术水平。水族女子着盛装时佩戴于胸前的大型压领，特别能够体现水族银匠高超的银器打制手法。压领的形状，大致像古时候人们常用的门锁，但整体上要大很多，银体为中空式，正面压镂着许多花鸟图形并有焊接上去的主题式立体龙凤银件，其下，悬吊着一排排数不清的银片、银花和银铃，行走之时，一如风摆杨柳，柔美婉约。

此外，水族的剪纸、窗雕和墓石雕也各具传统古味，另有一番风情。

从水族传统的手工工艺中人们可以感觉到，那其中，融进了非常多的自然元素。水族人从被动接触到主动吸纳，从单纯模仿到归纳创造，以至于在这些民族工艺的每一个环节里，都散射出他们长期累积的智慧、心血、审美和愿望。

心有所想，手有所做，手随心动，自然天成。

精巧的银饰

从情人到夫妻

水族的爱情，往往呈现出山野间朴素的自由和情趣。

至少在爱恋方面，青年男女们的交往远离包办与强迫。

幸福的潘氏夫妇

一种几乎没有强烈压制的、由情感交流双方亲手酿造情缘的情侣模式，年年月月不停谱写着水族男女相对快乐的爱情长卷。

水族婚姻属一夫一妻制，其传统由来已久。那么，在正式结为夫妻以前，水族人是怎样经过长长的相识走廊最终走到婚姻殿堂中的呢？这其中，又体现了怎样的一种自由和情趣？他们定情、提亲、定亲和迎娶的过程，会有着什么样的个性和讲究呢？

当一个曾经懵懂无知的男孩脖子上开始长出喉结，嘴唇上也萌生细细的胡须时，他人生的第一个春天，也就到了。

这是个长得并不算很高的小伙子，有19岁了吧，那个秋天，在金黄的稻谷完全收进自家仓房的时候，他突然又一次感觉到了身体里那股无法说清的热流在四处奔涌，让他心跳加快。这样的感觉已经不是第一次了，每一次出现，都会使他无法再平静地面对每一个清晨和夜晚，只是这一次的热流表现得异常强烈，以至于他满是青春细胞的身体也产生了某种微妙的变化。他听见了距离不远的另一座干栏屋里传来柔柔的语声和笑声，那是邻居的一双女儿在说话，笑声其实很轻，但在此时，却不可阻挡地从木隔的每一条缝隙中放大着钻进来，暖洋洋地响在他耳朵里。

门扇那边，母亲开始跟父亲说话，话音同样很轻，但他很快就听出了让他憧憬的内容。父母议论的，是关于端节的事情，他们在筹划着家里过端的许多细节。而他更愿意想象的，是端坡上花枝招

甘苦与共的老夫妻

展的无数女孩，以及女孩们脆脆的歌声。

这是 20 世纪初的一个端节。

晨曦初映屋顶，小伙子就再也睡不着了。他从衣箱里翻出一件很新的青布无领上衣，穿上之后，从宽袖里伸出手来拎住一条同样成色的黑色满裆长裤，两条腿迅速蹬了进去，然后仔细地束好蓝布腰带，结紧青白布头巾，就坐在床沿等着天亮了。阳光明晃晃地射进窗口时，他的两个伙伴会依时到来，无论如何，这一天的端坡，他们是一定要去的了。当然，在去端坡之前，他还要再一次和父母一起行祭祖礼。

广西水族的端节，很多都不再赛马，但端坡上从来都不缺少人气，人们会到端坡上送祖宗、撞吉运、吹芦笙和跳舞，那里，是水族人尽情铺染快乐的不变平台。小伙子和他的伙伴们在端坡五彩斑斓的背景里往来游走，他们大声说笑着，用一种似乎无所顾忌的声音暂时掩住内心那份渴望中的等待，等待姑娘们在坡上越聚越多，等待女孩们含情脉脉的眼神和歌谣。是的，广西水族的端坡上，情歌响起，已经变得越来越常见了。

“妹妹啊你哪里人，尼杭带你来我村。你颈上洁白像银，面貌美如花似锦。腰儿细好比青苔，青而嫩撩动人心……”

“诺棉鸟天上飞来，歇落

春天的水乡

在香樟树上。纤细细身材苗条，黄晶晶毛衣闪亮。花栏杆绣在背上，绿嘴喙吐露芬芳……”

当太阳挪到天空正中，两个女孩像花蝴蝶一样飘过身边时，小伙子嘴里的歌，终于朝其中头上插满银花的一个飘去。和绝大多数水族男女初识的过程一样，相互间的投石问路总是情歌互对的第一步，而借歌问家世更是必不可少，因为，老人们已经无数次地嘱咐过，水族姻缘，讲究的是“同宗不婚”，不问个明白，又怎么能有后来的柔情蜜意呢？

银花女孩有一双清澈的眼睛和两道非常细致的弯眉，重要的是，小伙子从她回过来的歌声知道，女孩对他的落花有意不但涟漪相应，而且两人之间没有任何宗亲牵连。于是，他们一唱一和的歌声里，渐渐就布满了更多期待亲近的内容。

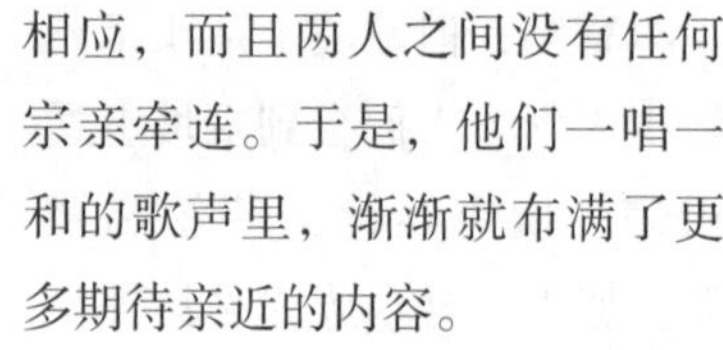

“我像是一只蜻蜓，展翅飞遇上蝴蝶。今晚上过你村边，跟情妹一同赏月。唱山歌山水有情，吹木叶撩动心弦……”

“趁年轻头发黑亮，心爽爽草绿花香。我两个沿坡坡走，石头边倾诉衷肠。采野花插在头上，摘桑果亲口尝尝……”

小伙子的两个同伴慢慢落在坡的那一边了，他们在今天纯属陪客，因为两个人早已有了心仪的姑娘。一个是在八月时的圩场上就已牵住心上人的手，另一个在六月时到邻寨歌堂唱成了哥妹情连。他们心里，

美丽的水族女子

群山环抱中的水乡

就只装下了下一回暖暖幽会的日子。他们都送出了自己的绸缎信物，那份承诺，不会轻易改变。水族男子，舒服地享受着那个时代属于自己的浪漫约会和牵手自由。

当然，任何自由都是相对的，年轻人的浪漫不仅要绝对回避长辈兄嫂，并且如果要从情人到夫妻，还要走过父母首肯和媒妁之言这两道不能省略的桥梁。

日月交替，转眼又近一年，小伙子和银花女孩恋恋不舍的幽会，也数不清有多少次了。他最高兴的是父母一下子就认可了那个女孩，于是，正式的提亲程序很快摆上桌面。水族人不时兴专职媒婆，于是，六房中的一位长辈代表小伙子的父母去银花女孩家“问空”（也就是探口风）了。回音是让人兴奋的，虽然那位长辈“问空”时两手空空。八月谷穗沉甸甸，又是小伙子期待的日子了，父母托了寨子里见过银花女孩的一位老人正式上门提亲，两个后生提着彩礼随同而去，小伙子的父母知道，按惯例女方家不会第一次就收彩礼，但照上次探回来的口风，下次再送一回礼物理当会水到渠成。而事实上，事情也正是这样顺利地发展着。

很自然，接下来就是吃媒酒，也就是定亲了。虽然日夜想见纤巧姑娘，然而，在这一天，小伙子依然只能坐在家中静候佳音。舅家姑家姨家，每家来了一个人，他们带着聘金、银饰、肥鸡和好酒，满身喜气地去到另一个似乎有点陌生的寨子，笑着跨进了银花女孩的家门。这边厢，女孩家也一片笑声，他们接下礼物放在门口示人，同时把自家亲戚送来的"陪嫁"一一点纳。祭过先祖，宴席开始，两家四位证婚人安然就座。银花女孩并不首先上席，但她的耳朵总

绿意盎然的山乡

在捕捉着隔壁席间的每一声话语。偶尔的一句话，也常常会让她心跳脸红。席上的四位证婚人开始了传统的相互保证，其实，那更像是一种善意的婚姻提醒，因为在保证之后，婚后丈夫不善待妻子将由男方证婚人负责调停，女子婚后不落夫家将由女方证婚人加以劝说。协议完毕，每一碗酒都会在快乐的说笑中被喝空。银花女孩终于出现在席间，她羞涩地首先把男家使者的酒碗添满，然后低首静待，无论如何，她都不能让男家使者的酒碗空底朝天。上门的客人干完一碗又一碗，然后掏出两个银元递到女孩手中，银元清脆的撞击声，代表着客人对女孩的最后认可。媒酒，一吃就是三天，笑声，

迎亲

一直响了三天，准新郎的焦急等待，也整整持续了三天。

提过亲，喝过媒酒，姑娘过门的日子在一个月之后如期来临。

贵州水族，新婚日的夫妻是不能见面的，而广西的水族新郎，却有着另一番洞房光景。

对小伙子来说，这一天的鸟叫得从未有过的清脆，就连窗外那蓬绿绿的树叶，似乎也因为总在笑着才会不停地抖了又抖。当阳光自东向西滑过石阶下的青青苔痕时，性急的新郎已经站到新房的门口前张望过很多回了。

新娘要动身了，漂亮的新娘身上穿银扣宽袖青色短衣和百褶围

裙，腰间挂坠着玛瑙制的蝴蝶针线筒。即将跨出自家的闺房了，昔日的姐妹们双手合掌，在堂屋两边一起送来了羡慕的祝福。弟弟在大门外拦住新娘姐姐，门槛前，他接住了姐姐递过来的两双筷子，同时也就接住了姐姐留下的万千情意。除了筷子，弟弟要接过的，还有姐姐递来的香香糯米饭，只有弟弟吃过一口之后，那碗糯米饭才会被放进新娘身边的小袋子里。这个过程，叫做“分福”。

过门的新娘，手里总得有一把伞，在送亲的队伍里，那把伞显得特别醒目。银花女孩当然知道，这把伞要遮挡的不是雨，也不是太阳，而是雷。传说中洪水淹没大地，天王就劝一对幸存的兄妹结为夫妻以让水族血脉繁衍，但雷神见妹妹忸怩不安，竟笑出了声，妹妹更是羞得一头扎到芭蕉树下，用蕉叶遮住自己，后来水族新娘就用伞代替了蕉叶。银花女孩不知道一把伞到底能不能挡住雷，但她心里清楚，这一天，雷声绝对不可以响起来。

近了，近了，新房青色的屋顶很快就在眼前。那个日思夜想的人身边站的是他的嫂子和姐姐吧。哦，他迎上来了，他的眼睛亮亮，他的笑容迷离，他向新娘鞠躬的姿势端正而又有趣。他握住了新娘的双手慢慢牵进门里，他细心地提醒新娘不要踩到门槛，鞭炮声响起来，有情人在欢乐和祝福中完成了“进门礼”。

堂屋里烛火辉煌，几乎所有的亲戚都在这里分享大喜之气。小夫妻在屋中间的一张席子上跪下，先拜祖灵，二拜高堂，三拜兄弟姐妹。一拜有三躬，三拜总共九躬身，“拜堂礼”行过，他们就是真真正正的夫妻了。从此，他们就一起拥有了一个公认的名分。

村头古树

近水人家

长辈们都站起身来时，就该是新郎把新娘扶进洞房的时刻了。小伙子憨厚的堂哥跟进来，他划亮火柴，亲手把妆台上一双红烛点燃，然后笑眯眯地看着紧张而又甜蜜的小两口互拜三拜，最后高兴地笑出声来。迎亲娘轻移碎步，嘴里柔柔说着："坐了红椅子，当了新娘子……"一边把新娘轻轻扶到垫着红布的椅子坐下，少顷，再扶起新娘坐上同样垫着红布的竹箩筐，又说道："坐了小红箩，日后当婆婆……"新娘听到这样的话，心里悄悄地乐了，她在红箩上停了一下，便牵起新郎伸过来的手走到床前，倚着床沿慢慢坐下。新郎在新娘耳边轻轻说了句"等着我啊"，转身跨出门去，外面，一屋子人都在等他出去招呼呐。这一段，就是"洞房礼"了，新娘只需要安静地坐着，她知道，只有等宾客散尽，洞房才会成为他们两人柔情蜜意的单独空间。

这全然是广西水族的特别光景。

而居住在贵州的大多数水族，在新娘来到男家时，男家所有人都要退到屋外回避，等新娘一步步进到新房里，家人才能合拢来道喜。婆婆见了新娘，会用草秆象征性地在新娘背上打几下，意为日后让新娘安心住在婆家。喜宴上，双方的对歌是少不了的。其唱歌的持续时间，甚至达到三天三夜。在那一片山水间，成亲之日，新郎和新娘按惯例不但不能同床共枕，而且连面也不见，新娘在第二天早上便需回到娘家。每隔十天半月吧，新娘在娘家和婆家之间来来去去，或许要到一年之后，才会稳定地长落夫家。

在 1949 年以前，水族地区还存在古老的抢婚习俗。抢婚分为两种：一种是倚势强抢，基本上是富家子弟所为；另一种，则属于包办婚姻的结果，女儿如果自己选择了情郎，当然就不愿再听从家里的安排，这时，女方家人就会串通已经应允的男家，完成一场象征性的抢婚。

事实上，无论是哪种抢婚，大多数水族人都会坚守着自己的道德底线，对其表示出强烈的不满和谴责。

水族人并不禁止族外通婚，广西普遍处于各民族杂居状态，水族人这一开放的心态，使他们和兄弟民族之间的相处变得很和谐。

在广西河池的清清龙江上，生活着多个以船为家的水族人，他们的新婚之喜，则浓缩在桨声咿呀的水上婚礼中。新娘出嫁时，会一段又一段地唱“叹歌”，歌里充满了对家人的留恋和对幸福的憧憬与向往。梁孟生和邓建明先生在《广西少数民族风情录》中叙述道:“接亲那天，新郎家把小艇张灯结彩装扮一番，礼船上由媒人和歌手伴同新郎带了礼物前往女家接亲。礼船接近女方渔船时，女家亲友及歌手簇拥着新娘站到船头上。男方用‘叹歌’引唱，女方盘唱，男方再对唱。如男方对答如流，接亲就顺利，否则，女方会用竹篙把礼船远远地撑开……新娘过船时多会轻轻哭泣，以示对娘家亲人依依不舍。在男家船头，新娘会接过新郎递来的一把剪刀，将礼船上几根长短不一的彩带一一剪断，意为剪掉世间不平，夫妻和美如意。”波光潋滟中，桨声歌声、哭声笑声以及鱼儿出水的泼剌声，构成了水族人的又一幅水墨风景。

水族人从情人到夫妻的过程，正如青青山上飘来的一首“妹子歌”，把思念和缠绵全部化在了一段柔柔又脆脆的女声里，“流水越远情越长，离郎越久越想郎。情郎若是真有意，快请媒亲劝爹娘……”

天上月盈盘，地下人婵娟。

广西世居
民族文化丛书

第四章

山风吹过屋顶

更上一层楼

水族最传统的民居建筑，毫无疑问是布局紧凑、错落有致、依山势回环而立的干栏式房屋群。

水族干栏

山风楼影

在水语中，“干”指的是楼，“栏”指的是房子或居家，“干栏”由此合成了楼房的特色表述。实际上，干栏也是更有厚度的古百越族群所留下的文化遗产之一。

水族先民在走出原始的穴居生活后，他们建起来的最早房子是这样的，“民编竹苫茅为两重，上以自处，下居鸡豚，谓之麻栏”（周去非:《岭外代答》）。于是，水族后人起房子，就一直沿袭了麻栏的基本格局，木楼分成两层或三层，上层住人，下层呈吊脚式，编竹围成栅栏，栅栏内饲养鸡和猪等家禽家畜，门前有木梯斜搭而上。

水族民居，为什么“更上一层楼”？

当我们知道水族居住区大多雨量充沛、燠热潮湿，水族先民更是长年与密林和虫兽比邻而居时，答案就变得清晰可见。是的，水族人离地而居，便悬空离开了湿气弥漫的地面，居所干燥通风，凉爽舒适，同时可以最大限度地避开毒蛇猛兽的突然攻击。这样的建筑方式，实在有着持久、简便和有效的莫大优势。

水族比较具有本色的干栏式建筑，多数用常见的杉木作为楼房

山顶木楼

支撑立柱，架楹设桷，铺板为楼，拼板为墙，以瓦片或者杉木皮盖顶而成。每一栋楼房一般是三开间或五开间，房间数量讲究以奇数为吉利数；楼多为两层，也有的在自己住的房间上再搭上木板架出一层阁楼来，把粮食及杂物一股脑儿堆放在上面。楼房的前檐外，都会有一个用竹木构搭成的方形晒排，水族人纳凉、晒衣和晾晒谷物，就在这里了。

一般情况下，水族人起新房有一种强烈的主动参与意识，房主在房子正式动工前，会对每一个细节进行仔细考究，房屋的地势、房屋的朝向、房屋的用料、房屋的窗口大小、房屋的楼梯长短、房屋的房间分隔与宽窄、房屋的屋角造型乃至屋顶斜度，他会热情地参与到整栋楼房的设计和建造过程中，因而，在水

三层木楼

族相对集中的聚居区里，村寨常常因为每座楼房都具有不同细节而呈现出参差错落、似同非同的别致效果。

木楼楼梯

你走近一栋木楼，那楼精巧的身姿及严谨的结构清晰地呈现在你面前。木楼有着一根根几十厘米粗的承重柱脚，柱身榫眼以穿枋纵横相连，更为粗大的原木就作为横梁被架在柱脚顶上，一条梁和另一条梁之间用垫木架着，这也叫楼枕，楼枕上铺的就是又宽又厚的楼板了，人进屋里，踩的便是这一层楼板。整栋木楼都采用穿斗式结构，所有的梁柱都由穿枋组成，上层屋架的柱脚用鱼尾式斗角衔接，这种接法非常牢固而具创造性，把水族木工的技术特色体现得淋漓尽致。穿斗式结构的最大优点，在于可以让小规格的木头造出比较大的房子来，并且工件能够提前制作好再运到建房地点进行最后拼装，既方便，又实用，还很节约，深为水族人喜爱。

水族人的干栏家居空间，是一种由中间向周边辐射开来的模式。这个中心，既不是父母的卧室，也不是儿女的居处，而是面对正门且相对明亮的堂屋。堂屋是接待客人的所在，也是全家人共同享用的主要活动场所。逢年过节，先祖会在这里接受子孙的供礼和祭拜；晨昏午时，食物的香味会在这里久久飘动；家中议事，父母子女会在这里大声交流；客来时分，这里则会淌满久别相逢的兴奋或者是邻居乡里悠闲的里短家长……家里所有的房间，或左侧或右侧，都围绕着堂屋次第排开，哪一间是父母的、哪一间是儿女的已不重要，重要的是房间格局必须要有一种向心的凝聚力。在水族人家里，火塘是不可缺少的，当寒冬来临，围坐火塘御寒的情景几乎家家皆然。火塘不仅可以供人取暖，在上面烧点水，在旁边烤个糍粑和红薯也是寻常事情。火焰红红，全身暖暖，堂屋与火塘一大一小，共同构成了两个让水族人家心中备感温暖的向心圆。

古朴的水族民居建筑

建于平缓地区的水族民居

在广西，完全单纯的水族村寨并不多，由于和其他民族相处互相产生影响，在地势平缓或坝区一带，一种硬山搁檩式的房屋渐渐成了许多水族人的家居选择。所谓硬山搁檩，就是用青石块砌成墙脚，黄土舂墙或用以土法压制的土砖砌成墙壁，然后在双斜坡的山脊上架设桁，在桁上钉紧桷木，用小瓦一片片地覆盖起来。这种房子，一栋里面大致有三个开间，中间是厅堂，左右两边就是厢房了，每侧厢房又用土砖隔成两个作为卧室的小间。为了能够充分地利用空间储物，一般在居室的上半部用木头架出一层半边阁楼，粮食就放在开放式的阁楼上。有的房主，会在房前另外做一间小房当做厨房或者牛栏，小房旁边铺成平整地坪，艳阳天，便会把金黄谷物满满地摊开在地坪上；还有的房主干脆用石片搭起一道半环围墙，圈出自家相对独立的小院落，天凉天暖，自家事情自家知。

很多水族人家在新房起好后还要做两件事。

第一件，是将两尾活鱼提到新房里酿喜气，然后再把活鱼送往江河或溪潭里放生。

第二件，是镇“吞口”，也就是把一种用白柳、秋木等木料雕

镇宅神像

神像挂在屋外

刻成的镇宅神像，经过一定仪式后，恭恭敬敬地请到新房的门上。“吞口”，水语叫做“及根”，是造型奇特、刻工利落的面具式神像，基本特点为突眼宽鼻、大口利牙、犬耳红舌，显得极为威武勇猛。水族“吞口”又分成传说中的几种，分别是猩猩心煞、凶神恶煞、双剑雾煞和送子“吞口”等。水族人认为，把“吞口”置于新房门上，“吞口”就可以吞邪镇恶、保家安宁。其实，“吞口”并非水族所独有，汉族自古以来就流行“龙生九子”而成不同“吞口”像的说法，西南地区的彝族、撒尼人、纳西族乃至摩梭人也都形成了各自不同的“吞口”文化。只是，水族的“吞口”，体现出来的是不同于其他“吞口”的独特文化背景。

广西融水滚贝侗族乡同心村朱沙红屯的水

族居屋，在屋檐下，还习惯挂一块小小的牌子，木牌上不是水书，而是“泰山石敢当”五个汉字。这个有着一个诗意名字的村屯在融水西北部，从县城去，必须经过极其蜿蜒曲折的141公里山路与小径，云影重重，水远山遥，到了村子再走，就是贵州了。朱沙红住着清一色的水族人家，全村48户共200多人，平时均以水语相互交流，潘韦两姓，代代相善。只以一条小桥和外界连接着的朱沙红，完全是个只属于水族人的山居空间，安静、平和、纯粹，浅浅鸡鸣，隐隐狗吠，树影青青，屋舍层层，每一双眼睛，都透射出山林间朴素之极的纯净光泽。这里，居屋依山势错落而上，典型的干

融水滚贝侗族乡同心村朱沙红屯的“泰山石敢当”

栏结构朴拙相邻，连同屋顶上成片的杉木皮，一起制造着乡居人家坦然的简单生活。“泰山石敢当”的出现，很明显是汉族文化散射而来的一个截面反射，佐证着民族融合的一个局部细节。汉文化中，“石敢当”的文字记载，最早见于西汉史游的《急就章》:“师猛虎，石敢当，所不侵，龙未央。”颜师古注认为，“石”是姓，“敢当”为所向无敌的意思，明清以后，更在前面加上了“泰山”前缀以强调威严，刻石或木立于墙根、街巷、桥头、房屋等，以保村宅平安。

远山一片青黛，水族人家似乎总还散发着原木清香的干栏木楼，就在远山和近山之间，在一片片湿湿的水田旁边，在不远处清江漫漫的流水声里，在山中日月亘古不变的交替中，在先祖看不见的关注与荫庇之下，日复一日地静静地站立着。即使屋中人换了一拨又一拨，即使历经风雨剥蚀起了拆、拆了又起，这些相对集中地表现着水族文化特色的干栏，用它们不变的忠诚，坚定地守护着无数水族人家平静、坦然而又韧劲十足的传统家居生活。

人面纷纷千年事，楼影依旧笑山风。

远山青黛

日子像水一样流淌

传统的水族家庭，很早以前就是一夫一妻制的结构了。

过去的水族人家很少有三代同堂的，儿女一旦成婚，一般都会另起新楼单独居住。出现三代同堂的情形，大多是因为父母垂垂老矣，这时候，他们轮流到几个儿子家居住就是理所当然的事情了。

一家之内，男主人是绝对的家庭支柱，同时也就拥有绝对的话语权。但他们也必须对家庭作出相应的贡献，承担一切粗重的活计自不必说，而技术性农活亦需男人负责。在妻子口中，丈夫被称为“哎办”，在儿女们口中，

流年似水

父亲被叫做“补”。男人们大声说话，大碗喝酒，四处走动，他们习惯性地享受着代代如此的男性自由。相对而言，家庭中的女人管事更细、更全面，由此也显得更为吃苦耐劳。她们从农活到家务，从丈夫到儿女，从粗活到细活，样样亲为，事事操心。丈夫把妻子叫做“尼耳”，儿女把母亲叫做“妮”。水族女人付出了万般辛苦，但她们所能收获的生活自由，却远远不如洒脱而自在的男人们。

可以说，水族家庭，旧时有着男权核心的浓重痕迹。比如说，水族人对爷爷和外公都只有“拱”一种叫法，对奶奶和外婆都只有“要”一种称呼，但在实际生活中，虽然同属于一种称呼，爷爷奶奶跟外公外婆却绝对不是同一种家族定义，在族人看来，血亲和姻亲，完全不在一个对等的平面上。当然，时代不同，观念也就有所

水族三代人

水族酒坛

变化，在今天的水族家庭中，这种对男权核心的维护，已经呈现出不可避免的淡化趋势。

水族人极其好客，他们遵循的是“男客男陪”和“女客女陪”原则。汉子相聚，自然是粗声大嗓脚沉步重，酒，最大限度地激发了男人们性格中天生的豪性，他们不管不顾，不醉不散。女人们的相逢相对要柔和得多，虽然她们的语声和笑声同样夹带有山野间最朴素的张扬，然而那个场景，最多也不过是些许酒相伴、碎碎音不绝，夜不会太深，女人们就已经收拾碗筷各自歇了。

水族生活，没有酒是不可想象的。独自在家，三杯两盏，点点滴滴解疲累；有客来访，酒碗叮当，声声相请皆是情。水族的酒，大多数为家庭酿造，酿酒的原料，也以水族地区所产的糯米为主。糯米酒酿成以后，颜色金黄透亮，入鼻香，入口甜，初饮不觉其性，

● 水族家酿酒

之后酒劲透全身。较好的水族家酒，是将酿成之酒装进坛子里窖藏起来，时间可长可短。真正的窖藏老酒，一开坛就是清香四溢，黄里透红的酒液，竟然会浓稠得像刚采回来的蜂蜜一样，倒进碗里时，酒线如拉丝般绵绵不断，煞是诱人。水族宴席间，最常出现的众人齐呼，是一个干干脆脆的“秀”字，“秀”完，大家的碗中酒自然会被一饮而尽，这个“秀”，当然也就是水语里的“干杯”了。

绝大多数水族人都跟酒结有不解之缘。

但是，就算是喝酒不多的水族人，从他或她来到这个世界的那一天起，身上无形中就已被烙下了清晰的水族印记。

广西宜州龙头乡的水族，在过去很长很长的日子里，一直都有为婴儿做三规的仪式。当那个怀胎十月的女子临产时，家中的忙乱是可以想见的，老太太最着急的事，是赶紧用草木灰将洗盆擦了又擦，直到水洗之后纤尘不染。然后，这个洗盆会被装满一整盆清水端到床边。初生儿一声强劲的啼哭，宣告着家族从此又多出一条血脉。接生婆把小人儿擦拭干净后，右手伸进洗盆中的清水里，抽出来，带着冷水珠子的手掌在婴儿屁股上轻轻地拍打三下。这是“冷水三拍规”。人们相信，经过三拍之后的孩子，不但能够身强体健长寿无灾，而且，他将会永远记住自己是水族的一员。

此时，老爷爷也在堂屋里忙乎起来，他摸出早已准备好的一盒火柴，一心一意地把几支香烛一一点燃，再端端正正插到先祖灵位前。老奶奶抱着婴儿出来了，婴啼依然响亮，但她并不拍哄，在香烛前，她抱着小人儿跪下来，虔诚地在心里祷告着，一拜、二拜、三拜。这是“首拜祖宗规”。水族人相信，拜过先祖，承过福荫，这孩子便不会忘记前人赐生之恩，他日后当会孝善为先，以光宗耀祖为最高己任。

第三规，叫做“定号取名规”，这一关，考的就是老爷爷的心意和智慧了。也许，他给孩子所取的名号并非一时之想，但不管先取后取，都只能在这时才说出来，并将正式定下的名号，工整地用毛笔写在一张长、宽两三寸的红纸条上。这张红纸条，最终会被家

洗脸洗澡用的木盆

● 村童

人贴到屏风的右下方，伴随这个孩子一天天地走过长长的岁月。

三规难弃，这是许多水族人家自我认同的一种行为表述，人之初始，印记深深。即使现在的水族孩子大多出生在医院里，三天五天、十天八天后，无论夏热冬寒，三规也依然会在无数个水族家庭里另行恪守。不做三规，几乎像是没有找回孩子应有的族群心魂。

孩子，眼见着就大了，出门进门，小小的额头不知不觉就挨到了门框边差不多一米高的地方，也就是说，他要上学读书啦。小孩子去读书的日子，也是他们开蒙的日子。家里早就备好了开蒙衣，这是一件用黑布缝制、领口镶有细细花边的大襟衣裳。一早起来，母亲就给孩子穿上，并仔细地扣好扣子。出门前，孩子还要吃开蒙粽。开蒙粽包括两个大粽子和一串小粽子，一起放在方桌上。小孩子先接过父亲递过来的香烛，恭恭敬敬地三拜祖神位，然后拿过一只小粽子慢慢吃掉。所有的粽子都会被孩子带到学堂，大粽子给先生，小粽子给同学，在让人向往而又敬畏的学堂里，书香、墨香混合着粽子香，共同制造出一种极其特别的开蒙气息。水族民间的说法是，穿开蒙衣代表着脱去孩毛，吃开蒙粽意味着让孩子更加聪明。现代水族的孩子，开蒙衣是不用再穿了，但开蒙粽仍然要吃，赠粽与师、分粽与伴也仍然还是常见的情形。毕竟，谢师恩和爱学友总是永远不变的人间美德。

水族人的日子，像龙江水一样清淡而平稳。

看上去，那样的日子有时会给人一种静止的错觉。

但时间不是静止的。

流水也不会是静止的。

水族人心中的梦想、期待、渴望和热情，更不会是静止的。

流水不腐。

“老家”，每个人都必须去的地方

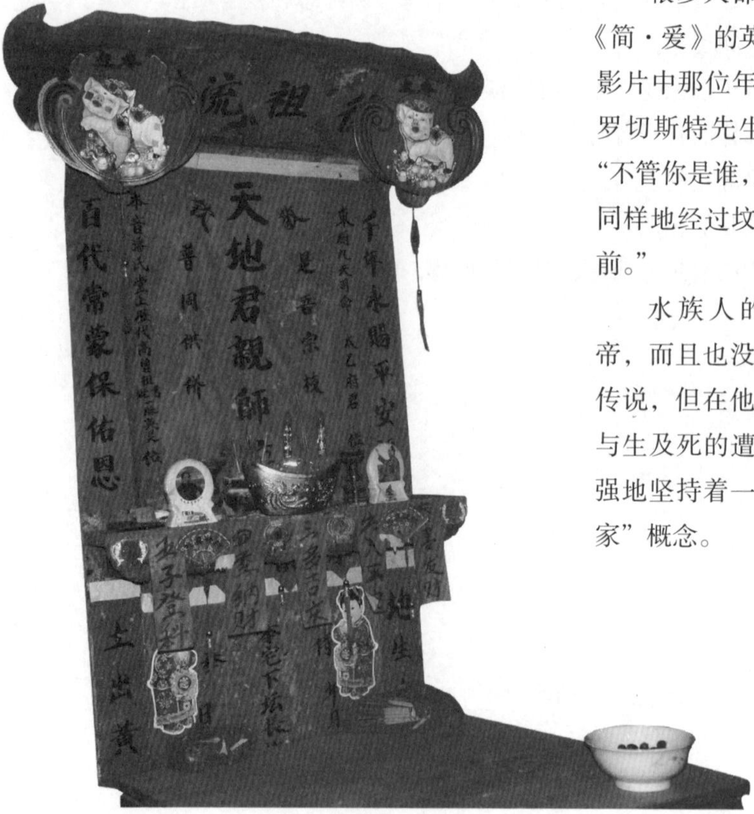

很多人都记得一部名叫《简·爱》的英国电影，记得影片中那位年轻的女教师对罗切斯特先生说过一段话：“不管你是谁，我是谁，都将同样地经过坟墓站在上帝面前。”

水族人的世界没有上帝，而且也没有关于天堂的传说，但在他们一代又一代与生及死的遭遇中，一直顽强地坚持着一个特殊的“老家”概念。

神位

石墓

这个“老家”是如此的空灵和遥远，谁也无法详细描述，更不可能抽个时间去看看，因为，所有去到“老家”的人，没有一个能够再次回到亲人身边。

回“老家”，也就意味着死亡。

有关资料表明，水族的丧葬仪式，体现的是水族原始巫文化的重要特征。先人们相信，人死之后，他的魂魄将会由祖灵接回“老家”，归家落位顺利，亡者自会庇佑亲人和家庭日日平安。故而水族人对亡者的丧葬仪式极为看重，一方面在于强调生者对死者的追念，另一方面，则是祈望死者在前往“老家”的路上顺风顺水，安然抵达。

广西水族曾经习惯于以放铁炮向四邻旁村报丧。当地人认为，响亮的炮声则可以在传递消息的同时吓走一切可能设置障碍的不明之物。白事报丧后，五服以内的亲戚们马上会忌荤食，同时派出人手相帮料理丧事。之所以要忌荤吃素，原因在于油荤腻味会无形中

门前石阶

亵渎祖灵，祖灵一生气，便可能不再前来接引死者新魂。丧事完毕后，一切乡居饮食才会照常进行。

如果是老人仙逝，子女们马上要做的，是帮死者洗澡梳头换寿衣，往见祖灵，清洁的身子必不可少。寿衣无论多少件，都要穿成单数，为吉利起见，就连死者所垫被单也要铺成单数。20世纪40年代以前，人们还必须在死者嘴里放上一点银钱，以保证死者于长途跋涉中不致饥渴难耐而无钱可用，这点钱，也叫“买水钱”。在有些水族村寨，还会出现让亡灵走水路回“老家”的现象，人们将死者生前穿过的衣物剪下几小片放进一只纸船里，引火烧化纸船，再把其灰慢慢撒到河中，水波荡漾，灰随水去。

又一场白事即将开始。

亡者全身素净地躺在棺木里，亲族们纷纷前来吊孝了。这应该是停棺守灵阶段，放在孝家的铁炮，每天要放响三次，“开控”后就不用再放。吊孝的人们按照年纪老幼和辈分大小，一一跪到灵桌前，火光闪闪，纸钱一张张燃烧起来，青烟阵阵，仿佛烧出的是一句句哀思的话语。哭声或高或低，在哭声中，族中老人手拎一叠长短不同的孝帕，分别给孝子和媳妇们仔细包上。孝帕，同样也会发送到每一个吊孝亲戚的手上。在葬仪中，孝家得请来水书先生，水书先生会对照着《水书》定下出葬的日子，让葬仪的其余环节能够在相应的吉日里继续下去。

水族村寨所供的神灵

孝家在死者出殡前的一天，一般都会办一场隆重的悼祭活动，这就是水语所说的“开控”。“开控”有不同的规模，最简单的是杀一头猪和吹一个晚上的芦笙、唢呐；

随水而去

● 年代久远的古墓

最复杂的，竖起约十米的竹木幡架，还要摆开舞龙大阵，放炮、唱歌、跳花灯和扭芦笙舞，灯火辉煌，彻夜不熄，那样的动静常常会持续几天几夜。不管来人是谁，一概坐上流水大席，喝酒吃菜，尽饱而归，最大的场面，远近乡人多到成千上万。如此大张旗鼓的悼祭，水语称为“特控”，属于罕见之举。普通水族人家，以“小控”和“中控”居多，诚意所至，亡者当然无怨。

“开控”完，接下来便是出殡。水族人讲究入土为安，若近期或当年定不下安葬日，那么，死者入土的时间便会被推迟，或数月，或几年。在这种情形下，孝家一般采取二次葬法，第一次葬时以木条垫住棺底实施浅葬，待吉日重定后再真正让棺木全部被泥土掩埋。

水族人对于非正常死亡的人，多在山野草坡上进行火葬，也不举行正式葬礼，骨灰就埋在山山岭岭无人处。传说，横死的人已经不再具有干净的魂魄，祖灵也因此不会加以接引了。

19 世纪，水族曾经流行的石墓顶部，很多都设计有双鱼和葫芦的造型，也有专家认为那不是鱼及葫芦，而是两只牛角的支撑造型。其实，无论是哪一种，所包含的文化意义都为水族人共有，诸如农耕的生产力、图腾式的鱼崇拜和有着救命及繁衍恩泽的吉祥葫芦等。

现代水族的葬礼，已经在现代世界的辐射下变得简化多了，人们不再固守与现代科学相冲突的鬼神存在论，但他们并不因此而放弃所有的细节，那并不是他们还在相信祖灵接引，而是因为，那中间有他们一部分长久文化的根须，有他们精神归依的神秘“老家”。

有生，就会有死。

“老家”，那是每一个水族人都会去的地方。

石墓墓碑上的葫芦造型

广西世居
民族文化丛书

第五章

品尝生活的味道

稻香熏人

水族历史上的大迁徙，是以土肥水美之地作为终点的。

这里，江河纵横，水源四伏，冬无严寒，夏无酷暑，雨量丰沛，日照充足。在桂北和贵州南部大片起伏的坡地和相对平整的山坳旁，很自然，水田映着明亮天光，成为此处最常见的田园风景。

如镜的水田

连片稻田

水田，是水稻生长的绝对温床。

相应的考古发现证明，作为水族先民的骆越人，至少在东汉时就已经开始种植水稻了。当水族先民来到水网密集、气候温和的都柳江和龙江一带，他们在不知不觉中，已经转化为一个实实在在的稻作民族。

现在，水族人所种水稻的产量，在他们种植的全部作物产量中，已经占到了80%以上。

让人感叹的是，水族所拥有的一整套农耕文化意义上的成熟的生产技术，比如沟渠灌溉，比如选种栽秧，比如收割储藏等，早在明代时就已成型了，其发达程度完全不亚于汉族地区。正像《宋史·蛮夷传》里面说的那样，水族先民们“夹龙江住，种稻似湖湘”。湖南湖北的山川间，从来都是中国久负盛名的鱼米之乡，“种稻似湖湘”这样的描述，其实已经说明了很多很多。

大多数水族人的居处，有山，也有水，有坡，也有小平原。除了水田遍地，这里也生长着茂密的草，牛羊马匹因此而数量众多，水族人的水稻种植在充足农肥的支撑下长久地表现出几乎不会衰竭

● 收韭菜回家

的循环活力。

水族饮食以稻米为主显得非常自然，除此之外，他们也种植玉米、红薯、花生、黄豆和大叶韭菜、西红柿及辣椒等，主食辅以杂粮，配上少量肉类和不同蔬菜，构成了水族人家的基本饮食内容。玉米是仅次于水稻的种植作物，对生长环境的要求不是很高，除了供人食用，还可以酿酒及喂养禽畜；棉花是水族人善于种植的一种重要经济作物，水族地区出产的棉花一直以来都以绒长质好而名声在外，由于历史上水族基本使用自种棉花织成细密土布，加上有以纺织印染技术的

● 干栏之上晾玉米

稻香熏人

高低来评价妇女的传统，所以，水族种棉技术的提高总有着充足的动力。

水族在种植水稻时，栽种糯稻的比例相当高。所谓糯稻，打出来的米就是颗粒饱满、圆润如玉的糯米了。

收割糯稻时，水族人常常会使用一种不同于收割一般水稻的收割工具，水族人称之为摘刀。摘刀有刀柄和刀刃，刀柄用质地较硬的木头做成，刀柄中间嵌有刀片，柄后小孔套着一根细绳，整把摘刀仅比老木梳大一点，用的时候，割稻者把细绳套在手腕上，手握刀柄以刀片摘取稻穗，一次只收下少量糯稻。之所以收割得这样仔细，一

装镰刀的器具

为珍惜，二则因为糯稻不能一次性大量脱粒。

水族的稻作文化源远流长，浓浓稻香中，水族人家所制作的由稻米延伸出来的各种风味食品，经年累月，在他们的屋檐下散发出特有的诱惑。

水族生产工具之一

水族生产工具之二

咀嚼中的传统

水族饮食，习惯上是一日三餐，并且三餐都以干饭为主。

晨光依稀，水族人家的屋顶上就已经炊烟袅袅了。女人们起得更早，她们在天色尚黑时就离开了温暖的床铺，摸索着来到厨房，点燃灶火，满满地煮好一锅饭，喂猪的同时，安静地等待着一家人陆续起床。早晚两顿饭，只有等家人齐时才会开餐。早饭是一定要

三脚铁架架起的铁锅

吃饱的，否则，又怎么会有操持农活的力气？方桌上很少有肉，素菜和酸汤就是佐餐的所有菜肴，但这并不影响人们的食欲，在平时，有这些菜，已经足够了。中午那顿就更简单，午饭在早上时便一起煮好了，匆匆之间，人们以很快的速度吃完，就又出门干活去了。若是农忙时节，许多人中午干脆不再回家，他们赖以充饥的，是一包很容易携带的糯饭，那些粒粒晶亮的黏黏饭粒，不但耐嚼，而且能让人们的饥饿感一直推迟到天黑时分才会再次出现。暮色四合，月上林梢，水族人家才开始围坐在一起吃晚饭，这顿晚饭，则有可能是以吃火锅的形式来完成。火塘之上，三脚铁架架起一口小铁锅，比如豆腐、青菜和一点点肉之类，会被人们不分主次地全部下到锅里煮熟，然后，一双双筷子伸进菜锅，把菜夹到自己面前的蘸水里蘸一下，再和着一口热饭慢慢咀嚼、慢慢咽下。

吃火锅，一年四季都会出现在水族人的饮食中。

水族待客油茶

水族人家的晚餐

这，就是水族人生活中的便餐。

当有客上门，水族人家里的那顿饭，叫做客餐。客餐大多还是吃火锅，但火锅里外的菜，就不是便餐所能比的了。酒是第一不能缺少的东西，“待客不可无酒”，这是水族不变的古训。菜，除了寻常的豆腐鲜蔬，还会增加竹笋、香菇、炸花生、猪牛羊乃至鸡鸭等肉类。如果主人家端上来的是一道鱼包韭菜，那么这位上门的客人，就一定是位贵客了。吃客餐讲的是心意和气氛，而酒，正是催生热闹场景的上好之物，席间，以酒为中心的相互交流从来就不会停顿。

倘若是逢年过节，水族人家吃的，则是节庆餐。节庆餐和客餐并没有本质的区别，只不过，节庆餐的规模大得多，其延续的时间也会长得多。

在水族人心目中，鱼是一种特殊的食物。

水族人祭祖时是少不了鱼的，而在端节前及治丧时忌油荤，鱼是不会被列入油荤之列的。至于待客席上，鱼包韭菜，更是成为水族人家热情好客的经典菜肴。个中原因，我们在前面“鱼是如此完美”那一节里已经有所提及。

糯米饭也是水族人十分喜欢的食物，年节庆典，无糯不欢，祭祖丧葬，无糯不诚。水族人认为，糯米曾经是祖先们最为看重的生命能量之一，既然祖先们以此为最爱，作为他们后代的子子孙孙，又有什么理由不以此为最爱？另一方面，糯米饭不仅口感良好而且耐饿，又易于成团带在身上，还可以存放得相对长久，这些优势，是普通大米和杂粮所不具备的。同时，源于糯米的各种风味食品，如糍粑和粽子等，也给水族人平静的生活增添了更多的趣味与色彩，使人们对糯米平添出一份割舍不掉的亲切依赖。

● 水族饮食器具

水族妇女捡收辣椒

惟其存在，方成饮食。

还有酸呢，还有辣呢，水族人无酸无辣不下饭，酸辣开胃祛湿，并以其独特的鲜香，让少食油荤的人们在相对简单的平常日子里获得了最大限度的饮食满足。油可少，饭可少，酸辣不可少。

食为天。

食，也是人类生命中最精彩的组合元素之一。

吃出来的特色

在日常生活中，水族人最离不开酸和辣。

每一户水族人家里几乎都有一个酸坛，坛子里腌的酸菜四季不断。

水族人平时用来送饭的配料，以酸汤最为普遍，也极具水族特色。酸汤分很多种口味，有以辣椒为主的辣酸、以毛秀才也就是西

酸坛

红柿为主的毛辣酸、以小鱼小虾为主的鱼酸和以猪牛骨熬制成的臭酸等，其中做得最多也吃得最多的，是辣酸。水族女子承担着制作辣酸的主要工作，她们先把新鲜的红辣椒洗干净，加水，放到石磨里磨成浆后倒进酸坛，再放入盐和一碗又一碗糯米发成的甜酒糟，密封好存放在阴凉处，经过约一个月发酵，坛子里就是可以随取随吃的酸汤了。

酸蒜薹辣椒肉

酸汤一般有两种吃法，其一是在把白菜、嫩笋、大叶韭菜煮熟后用适量酸汤勾味，直接食用蔬菜；其二，在酸汤里加入盐和辣椒粉调成蘸水，吃火锅时把菜放到蘸水里蘸一蘸再吃，无论是菜是肉，蘸过蘸水之后味道会变得相当鲜美。

酸料

酸汤中的上品非鱼酸莫属，这是一种用干净的小鱼小虾加上诸多东西发酵后做成的酸汤，和其他口味的酸汤有着明显不同的口感。在煮豆腐、萝卜等清淡而又容易吸味的菜肴时，加进鱼酸

酸菜

酸鱼

进行烹制，其味尤为让人怀念。

米花，是水族人走亲访友常带的互赠礼品。其做法是：先将上好的糯米蒸熟，用不同植物叶子染出红、黄等色，再把彩糯饭放到一个竹片围成的小圈里压成一个个薄圆饼，最后铺在清爽的竹席上慢慢晾干即成。人们要吃的时候，便将米花扔进锅里炒或油炸，膨胀后的米花就变得异常酥脆香甜，嚼在嘴里沙沙有声，真正是人人皆爱、老少咸宜。

阴米

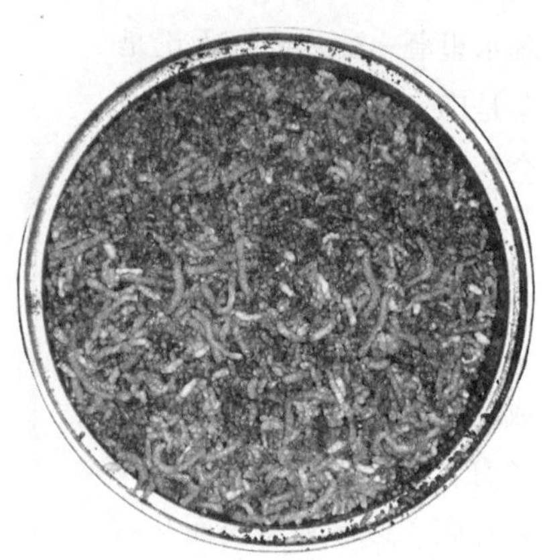

米花

鱼，是水族人最早的一种原始崇拜生命，其因由：一是在于人们对“原居水之滨”的怀念而将鱼作为释放情感的载体；二是感念鱼把自己作为食物贡献出来，使水族在某个生存困难的阶段得以顺利渡过难关。但人类社会一跃而过数千年，图腾意识不可避免地总要日益淡化，久而久之，水族人吃鱼，也就变得再正常不过了。出于对先祖的尊重和怀念，今天的水族人仍然把鱼当成祭祖时的重要供品，并将鱼类菜肴视为款待贵客的最好食物。

烘辣椒

● 鱼包韭菜

鱼包韭菜是水族的一道名菜。做这道菜的鱼，一般是半斤左右的青鱼、鲤鱼或草鱼，刮鳞去脏后，要在鱼身上抹上好酒，把香菜和可以长到两尺高的大叶韭菜塞到鱼肚子里，配以葱、姜、蒜和糟辣椒等作料，用糯米草紧紧捆扎鱼身，上甑清蒸几个小时。佳肴上桌，满室皆香。香菜、韭菜及各种作料的香味均匀地渗进已蒸得酥软之极的鱼肉内，入口爽滑，回味无穷。

糯米糍粑的做法相对要简单得多，也不用花费太多的时间和精力，人们除了把它作为祭品外，还送亲赠友，也常常在火塘上烤来自己品尝。火慢慢燃着，糍粑会被烤得吱吱作响，眼见外皮渐渐焦黄，糍粑就可以吃了，那种吃在嘴里外酥里黏的感觉，别有一番食趣。

水族人家的风味饮食，在现代工业文明的挤压中顽强地保持着传统的手工诱惑和自然魅力。

但在更多的方面，水族正以前所未有的速度向现代文明的内容靠拢。社会在进步，民族也在进步，而在民族快速进步的发展过程中，水族传统文化的特色旗帜，一定会找寻到一个充满和谐内涵的飘扬空间。

今天，教育和生存环境都得到了有效改善的广西水族，因为大分散而小聚居，其生活习惯和生活方式已经融进了壮族、苗族、瑶族等一起居住着的兄弟民族的更多内容，他们拥有更加开放的意识、宽容的心态，民族文化演进过程更加丰富多彩、更加具有时代气息。在这里，多民族相互影响，正慢慢讲述着一个又一个美丽的时代故事……

明天会更好

参考文献

1. 刘之侠、石国义著：《水族文化研究》，贵阳，贵州人民出版社，1999。
2. 黄桂秋著：《水族故事研究》，南宁，广西人民出版社，1991。
3. 黔南布依族苗族自治州文研室等编：《乌黛瓦》，内部资料。
4. 范禹、潘朝霖编：《水族情歌选》，贵阳，贵州人民出版社，1986。

后　记

2006年，广西民族出版社为弘扬广西各民族的优秀文化，组织策划了《广西世居民族文化丛书》。该丛书以广西的12个世居民族为主叙对象，每个民族1卷，以饱含民族感情的文字，再配以丰富而精美的图片，全景式地描绘这些民族古老的历史文化与现代化进程，以全新的角度诠释了充满神奇魅力的12个民族的新形象。丛书得到广西区党委宣传部的高度重视和帮助，丛书执行副主编、时任区党委宣传部文艺处处长（现为广西文化厅副厅长）的唐正柱对整套丛书的体例和风格进行了指导，明确了写作大纲和基本要求，并审阅了全部书稿。

丛书主编、国家民委副主任罗黎明从民族、政治的角度对丛书进行了严格细致的总审，并为丛书作序。

在丛书编撰的过程中，项目组成员跋山涉水深入广西各地拍摄、征集图片，得到了各地市县宣传部、民族局的热情帮助和各地摄影家及摄影爱好者的踊跃赐稿。

本卷经由广西民族大学玉时阶教授对书中的政治倾向性和民族、宗教问题进行了认真的审查。广西壮族自治区民委，广西壮族自治区民委政策法规处处长韦志坚、社会发展处调研员蒙玉祝，柳州市民委主任陈争鸣、原副主任杨凯，融水苗族自治县副县长吴慧兰、县民族局干部陈忠德等单位和个人，以及融水苗族自治县滚贝侗族乡同心村朱沙红屯潘炳文等乡亲给项目组热情的帮助与支持。融水苗族自治县县委宣传部常务副部长龙涛，融水苗族自治县旅游局原办公室主任张岁禄，融水苗族自治县文化和体育局李耀辉，阳朔县委宣传部朱名洪，广西著名摄影家王梦祥、梁汉昌、卢增令、江小东、李桐等单位和个人为我们提供了精美的摄影图片（具体详见附录“本书图片摄影者、提供者名单”。有少数图片未能确定拍摄者，作者见书后请与出版社联系）。

在此，对上述人员的大力支持表示衷心的感谢！由于这是首套以分册的形式介绍广西12个世居民族文化的丛书，属开创性、基础性的艰苦繁杂的文化工程，若丛书存在不足，或因编辑水平所限而导致的错漏之处，恳请读者批评指正。

《广西世居民族文化丛书》项目组

2009年10月

附　录

本书图片摄影者、提供者名单

（按姓氏笔画为序）

王梦祥
第10页
第14页
第20页
第22页
第24页
第25页
第26～27页
第42～43页
第58～59页
第74～75页
第82页
第87页
第90页
第94页（上）
第95页
第100页
第139页（上）

韦　纲
第55页
第69页（下）
第99页
第120页
第151页

韦　明
第139页（下）
第142页
第148页（左下）
第148页（右下）

卢增令
第91页
第106页
第123页

玉时阶
第84页（上）
第86页
第94页（下）
第98页
第140页（上）

龙　涛
第47页
第49页
第51页
第61页
第62页
第137页
第143页
第149页

朱名洪
第7页
第18页
第40～41页
第134～135页

江小东
第53页
第73页
第83页
第84页（下）
第117页
第140页（下）

张岁禄
第15页
第17页
第28页
第29页
第31页（上）
第35页
第44页
第45页
第65页
第79页
第114页（下）
第115页
第118页（上）
第118页（下）
第124页
第125页
第126页
第131页（上）

图书在版编目（CIP）数据

水秀南方：水族卷／包晓泉著. — 南宁：广西民族出版社，2010.10（2013.1重印）
（广西世居民族文化丛书／罗黎明主编）
ISBN 978-7-5363-5709-9

Ⅰ. ①水… Ⅱ. ①包… Ⅲ. ①水族—民族历史—广西 ②水族—民族文化—广西 Ⅳ. ①K286.9

中国版本图书馆CIP数据核字（2010）第119166号

广西世居民族文化丛书
水秀南方·水族卷　　罗黎明 主编　　包晓泉 著

总　策　划	唐正柱　韦家武
策划组稿	覃琼送
图片征集	覃琼送　赵学祥　韦春明
责任编辑	覃琼送　韦春明
美术编辑	张文昕　何世春　林武圣
审　　读	隆海人
装帧设计	寒林设计工作室
内文制作	黄杰斌　甘伶玲
责任校对	黄春燕　郑季銮
责任印制	刘文峰
出版发行	广西民族出版社 地址：南宁市桂春路3号　邮政编码：530028 发行电话：（0771）5523216　传　真：（0771）5523246
印　　刷	广西万泰印务有限公司
规　　格	787mm×960mm　1/16
印　　张	10.25
字　　数	54千
图　　片	144幅
版　　次	2010年10月第1版
印　　次	2013年1月第2次印刷
书　　号	ISBN 978-7-5363-5709-9／I·1205
定　　价	39.00元